利用網路社交平臺的無限潛力改寫商業規則

沈宇庭

U0078217

網紅
經濟學

解析新媒體時代下網紅經濟的影響力，
從互動到變現，掌握粉絲的心

解析新媒體時代下網紅經濟的影響力，
從互動到變現，掌握粉絲的心

數位化時代，網紅經濟的崛起

重新定義商業行銷的準則，更有效率地觸及目標客群
與消費者建立緊密的連結，快速擴大品牌影響力

目錄

目 錄

目錄

序

網紅來了

自 2012 年我授課開始，企業如何行銷品牌與增加商品銷售，一直是課堂上學習的核心內容。當 2014 年手機 APP 開創出視訊直播的自媒體時代，「網紅自我行銷模式」不但為普通人提供了一種快速成名的方式，也為企業開啟了另一類行銷通路。

順應網紅時代的崛起，我開始為企業規劃「網紅行銷策略」，讓原本周一到周五白天客戶稀少的美髮店，因網紅口耳相傳湧進了消費者，並成功轉型為連鎖店集團；又讓原本競爭激烈的醫美產業，因網紅的體驗口碑，不再以低價吸引客戶上門，節省了宣傳廣告費用，提早一年回本開始營利；更讓原本不知名的巷內餐廳，因網紅自媒體直播頻道頻繁曝光，開始出現排隊熱潮，引發雜誌媒體紛紛報導。

這些名與利、虛擬和現實的結合，彷彿打開了潘朵拉的寶盒，日後再對服裝業、製造業、生技業、地產業、珠寶業、餐飲業、旅遊業、培訓業、農產品業、美容美髮業、醫美整形業、連鎖加盟業、直銷微商業……量身設計符合不同產業的「網紅行銷策略」，都能順利協助企業走出困境、成功轉型。

序

　　有時我們看似平淡無奇的網紅直播內容，不論是早上的洗漱化妝，中午的餐廳用餐，下午的休閒娛樂，還是晚上的夜夜笙歌，實則可能是企業置入性行銷的潛意識誘導。網紅用的化妝品、穿的衣服、喝的水、吃的餐廳、家中的設備、唱的歌、住的飯店、剪燙的髮廊……全都可貼價格標籤，即使當前沒貼，也可能是預留廣告位。超級網紅如何與企業商品完美結合，這將是需要學習的新潮的課題。

　　超級網紅的誕生，有很多天時、地利與人為的因素。有的靠外在，有的靠專業，有的是幽默，有的是毒舌，有的談心靈，有的評時事，只要在某方面迎合了粉絲們的喜愛與需求，經由大量的轉貼與傳播，就可能受到關注與追捧而走紅。

　　有些網紅，在快速得來的掌聲中曇花一現，最後被人遺忘；有些網紅，靠著情欲或謾罵吸引注意力，影響社會風氣，觸犯了法條戒律。對於這些不正常的網紅泡沫現象，需要有一本書能帶領網紅們在浮華的網路世界裡「正其心與優其術」，以免誤入歧途，最終能走上正途。

　　歷經一年多的資料整理，這本書終於誕生了。超級網紅集智慧、專業、內涵與長相於一身，憑藉自身的學習努力，為社會提供正能量訊息，至真至善至美，是受人追捧、欣賞的網紅。

　　期待現實社會的才子佳人，藉由這本書倡導的網紅打造模式，找到自我價值與特長，進入虛擬網紅世界成就自我；也期

待已在虛擬世界的網紅們，學習這些超級網紅的成功案例，能走向人生更大的舞臺；更期待企業家朋友們，藉由這本書講述的網紅行銷模式，打造出超級網紅體驗與代言模式，讓企業的商品更能符合消費者的需求，走出行銷困境並成功轉型。

　　這是一個網紅經濟時代，網紅來了，我們一起學習成長……

序

第一章

網紅經濟引起商業革命

近年來，隨著網路普及程度的加深，頻寬流量門檻降低，人們對於新媒體尤其是行動媒體的使用頻率大大增加。購物、吃飯、叫車、語音及影片聊天等普通的生活行為透過網路乃至行動網路來實現已經成為常態，由此催生了一種新的經濟形態 —— 網紅經濟。

網紅經濟的影響力

網紅經濟作為一種新興的經濟形態正在受到越來越多的關注和認可，人們由此很容易聯想到明星經濟。我們可以把網紅經濟看作是新時代明星經濟的延伸，其價值並不僅僅來自「網紅明星」的效應，更多是表現為社會化影響力的經濟投影。

網紅帶來新經濟模式

網紅，顧名思義就是網路裡的「紅人」。最初，人們把他們看成虛擬網路中某一領域裡的「明星」，只不過是僅僅存在於網路裡而已。然而隨著行動網路的普及，手機等媒體終端裝置使互動更加方便，於是這些起始於虛擬網路中的「網紅」們接上了地氣，逐漸成為具有驚人社會影響力的一群，他們成了真正的「明星」。

然而，雖然「網紅」的說法由來已久，但「網紅經濟」的概

念卻是近兩年才開始出現的。這是由於從「網紅」到「網紅經濟」的轉變需要具備高品質的社交資產轉化能力以及成熟的商業模式。從前的網紅們僅僅在單打獨鬥、自娛自樂的層面，依靠粉絲的聲援獲得滿足感，而近兩年，這種情況發生了根本性的轉變，網紅們開始重視如何將其已經累積的粉絲進行變現，即社交資產的經濟價值轉化。經過了 2 年的時間，當人們回頭審視的時候才發現，這種社交資產的轉化非常成功。

根據知名電商發布的數據顯示，在 2014 年的「雙 11」活動中，銷量排名前十的女裝店鋪中網紅店鋪已經占到七席；到了 2015 年，同樣是「雙 11」活動，活動結束後公布的銷售數據顯示，網紅名店的數十家店鋪，在沒有得到任何額外廣告資源和引流的情況下，活動期間創造了 2,000 萬至 5,000 萬元的銷售額，成為「雙 11」女裝類的最大亮點。要知道即便在沒有節日噱頭的平日，這些網紅店鋪每次發布新品時也能創造 500 萬至 1,000 萬元的驚人銷售額。與此截然相反的是，一些已經十分知名的服飾品牌在近幾年卻出現了股價下跌、實體店鋪長期打折銷售的窘境。這種鮮明對比，反映出由全新消費理念所構建出的網紅經濟這一新的經濟模式正在散發出空前的魅力。

面對如此迅猛的「吸金」能力，網紅已經不能用「小打小鬧」、「自娛自樂」來形容了。在 2015 年底，有位科技集團執行長就曾談到，「一直以來，我們討論過網路經濟、粉絲經濟，但是在整

個 2015 年的變化當中，有一個新族群的產生，就是在電商平臺上產生的網紅一族。這是一個新經濟力量的體現」。從該執行長的話裡我們能感受到，網紅已不僅僅是一種網路現象，而是演變成為一種獨特的經濟現象。

網紅經濟規模驚人

網紅經濟的基礎便是網紅們在虛擬網路裡開創出的「粉絲」效應，這種基於龐大粉絲群的優勢，讓網紅們在華麗轉身為一個銷售者的時候無疑占據了至高點。以某位網紅為例，這個出生於 1990 年的女孩其粉絲數量為 164.8 萬，成為網紅後，其成立的女裝網拍在 2015 年淨賺 2 億元（電商平臺提供銷售數據）。從上面的數據我們可以看出，粉絲的高數量與店鋪的高銷售額之間一定存在必然的連繫，這便是網紅們的先天優勢 —— 把粉絲變為購買者，網紅經濟便誕生於此優勢之中。網紅經濟的規模與前景是由網紅們的粉絲團基礎數量以及轉化程度決定的。

關於網紅經濟的規模前景在網路上有這樣的數據，即網紅經濟市場規模將會超過千億元。我們不必糾結於這一預測數據是否準確，只需從從業者與消費者的雙重角度來看便能大體有所了解。

以目前最火熱的線上直播為例，2015 年直播產業的總產值在 100 億元左右。

我們再來看看以電商網拍作為粉絲轉化主戰場的網紅店鋪的表現。據電商業者提供的數據，目前在女裝項目中，月銷售額過百萬元的網紅店鋪約有 1,000 家。以此作為基礎，我們簡單推演一下可以得出以下數據：網紅店鋪在電商平臺上的年銷售額一定超過 120 億元。

窺一角而知全貌，筆者僅僅列舉了網紅經濟中幾個獨立的事件與數據，便可以感受到，整個網紅經濟的規模與發展潛力相當驚人。作為一種新興的經濟模式，它的表現讓我們有必要對固有的社會化消費概念進行重新的解讀。到底是什麼讓網紅經濟具有了如此的價值？答案就是網紅們的這種社會化影響力。

社會化影響力催生網紅經濟價值

網紅經濟依賴於網紅對粉絲的直接影響力，在粉絲團足夠龐大時，這種影響便成為一種社會化的影響力。那麼，這種影響力的根源來自何處呢？

我們以某位知名網紅為例，她之所以成為「2016 年第一網紅」，就在於其製作的影片主題設計出眾、表現自由率真，既具有親民的草根氣質，又滿足了年輕人的娛樂需求，使年輕人完成了與一個有趣的人的「社交」。

已經擁有 80 萬粉絲的另一位網紅在闡述她對粉絲影響力來源的時候這樣說：「2015 年，我在健身後經常得到別人的誇讚和

關注，於是就在社交媒體上分享我的健身心得與經驗影片，讓粉絲可以學著做，不經意間就有了大量粉絲。我熱愛健身，分享的就是自己的真實生活，粉絲覺得我傳遞的是一種正能量。」

在網拍店鋪排行榜中，一位網紅的店鋪長期位列前茅。每次推出新品前，她都會在 IG 中分享新品的特點以及搭配技巧，而粉絲也會根據這些話題發起熱烈的討論。

從上面的案例我們可以看到，網紅們在展示自己的時候都有著獨特的風格定位，因此他們所吸引的粉絲受眾也往往是「興趣愛好」相同的人，他們之所以受到追捧正是因為他們的言行觀點契合了粉絲的情感訴求與情感嚮往，這便是影響力出現的根源。

其實，網紅的製造者是網友，而受眾也恰恰就是網友，因此網紅對於粉絲們來說有特殊的情感滲透其中，網紅們透過個性化的方式為本來很普通的產品增加情感的溢價，這便是那千億元網紅經濟規模的由來。

正中紅心的精準行銷

作為新興的經濟形態，網紅經濟必然伴隨著一個高度符合消費邏輯的行銷模式。網紅們的行銷模式其實並不新鮮，但卻做到了極致，那就是點對點的超精準行銷。

先行培育行銷市場

我們常說的精準行銷是在精準定位的基礎上，建立個性化的顧客溝通服務體系，從而以低成本來贏得更高的行銷成功率。隨著市場經濟的發展，現在的市場行銷理念早已不是先有產品再進行行銷，而是先有市場後有產品。其實，這對於一般行銷者來說難度極大，難就難在如何先行培育市場，而這對於網紅們來說可謂手到擒來。

網紅經濟裡的行銷對象無疑就是數量龐大的粉絲，網紅的走紅程度也就是其經濟價值是由其粉絲數量決定的，因此我們可以把網紅們累積粉絲數量的過程看作是一個培育市場的過程。

粉絲群培育

圖 1-2　網紅粉絲群培育圖例

在這一過程中，隨著網紅粉絲量的不斷提升，其潛在行銷對象也在不斷擴大，從而來滿足超精準行銷的首要條件。至於如何培育粉絲群我們將會在下面的章節深入探討，在這裡暫時不做討論。

精準鎖定用戶

對於精準行銷來說，完成市場培育的同時還要盡可能培養符合後續產品購買期望的用戶，以期在接下來的行銷行為裡增加成功率，這才是重中之重。要做到這一點就要求行銷者在定位用戶時力求做到精準鎖定。所謂的精準鎖定即能夠精確掌握用戶的喜好、購買習慣、購買能力等多項綜合指標。網紅恰恰具備這樣的能力。

讓我們來看看下面這個案例：

我一點也不漂亮，可能你也一樣：我從沒考過第一名，可能你也一樣；我唱歌走音畫畫不及格 800 公尺沒達標，可能你也一樣；我曾經加班沒有加班費替老闆背黑鍋……可能你也一樣；我曾被男朋友騙錢被他甩了，可能你也一樣；我減肥從未成功吃素無法堅持，可能你也一樣；那麼我今天還沒被打倒，可能你也一樣。

這位網紅，是資深經紀人與暢銷書作家。從她發布的文章裡能夠看出她言語犀利幽默，因其充滿智慧的言語及一針見血的講評，受到粉絲的追捧，其粉絲量已達到 348 萬。她的粉絲特徵非常明顯，多為具有小資情結的都市上班族，對時尚文化具有高敏感度且購買力較強。正是由於有了這樣的特徵，才能使這位網紅在現實中無論是出書還是做時尚類節目都能夠輕鬆獲得大票粉絲的支持。其著作成為暢銷書的樣本，她以嘉賓主

持身分參與的時尚脫口秀也獲得了廣泛關注。

由此我們可以看到，網紅作為獨特的網路化載體，精準鎖定目標用戶的能力是其實現超精準行銷的最大依仗。網紅由於具備較強的個性化特徵，因此在吸引粉絲時能夠自動實現「人以群分」，把具有相同性格、經歷、愛好、文化類別的粉絲吸納成群，從而實現了用戶較高程度的一致性。

網紅經濟帶來了跨越式的行銷升級 —— 超精準行銷，正是由於這一特點，網紅們的商業價值正在被快速挖掘。相較於粉絲經濟的「漫灌」行銷，網紅經濟由於網紅在特定領域裡的專業性與領導優勢，使他們能夠更精準地將產品導向粉絲需求，實現了「精灌」行銷，從而來提高行銷轉化率。這便促成了網紅商業模式的成功。

粉絲經濟與網紅的商業價值

在網紅經濟圈裡，粉絲變現是所有行銷模式的核心目標。在其他類型經濟中，變現總是具有較高難度的，而在網紅經濟裡，網紅們依靠強大的號召力與粉絲黏著度，實現這一核心目標手到擒來。

新媒體時代的粉絲特徵

「粉絲」這個詞的叫法源自英語單詞「fans」。美國麻省理工學院教授亨利・詹金斯（Henry Jenkins）指出：粉絲是「狂熱的介入球類、商業或娛樂活動，迷戀、仰慕或崇拜影視歌星或運動明星的人」。當粉絲的數量變得龐大和有組織時，就形成了「粉絲族群」。粉絲族群便是眾多粉絲圍繞某一明星形成的一種具有一定組織形式和規範的組織，其中最具代表性的是以網路為媒介的線上粉絲族群。網紅的粉絲團就是典型的「粉絲族群」。

為什麼網紅能夠令粉絲變現變得如此容易？首先我們需要了解在如今這個新媒體、自媒體極速發展的時代背景下粉絲的特徵才行。

粉絲是那些具有鮮明個性特徵，如外向、隨和的性格，有明顯的喚起和刺激需求，有較強的物質收集和占有欲特點的人，他們追求的是心理的滿足感與精神上的共鳴。這便是新媒體時代下粉絲的基本特徵，這些特徵越明顯，說明粉絲對歸屬感和認同感的渴望就越強烈。

我們可以把粉絲分為以下三類：潛在粉絲、忠實粉絲和狂熱粉絲。潛在粉絲是以觀賞和休閒娛樂為動機，只受崇拜對象的外在影響，他們對崇拜對象的投入、參與程度都較低，產生的消費行為也較少。

隨著對崇拜對象認同和依戀程度的加深，崇拜對象的言行會不斷使粉絲產生興奮感、認同感和歸屬感，並開始影響粉絲的價值觀和生活方式，使粉絲開始產生依戀和忠貞等內在情感，達到這一程度的粉絲便是忠實粉絲。忠實粉絲能突破時間和空間限制，對崇拜對象的投入、參與程度都較高，因此而產生消費行為的機率也較高。

圖 1-5　新媒體時代粉絲的特徵

少數的忠實粉絲由於存在一定的病態心理，實施過於情緒化的、不理智的，有時甚至是破壞性的、違反社會規範的行為，他們則被稱為狂熱粉絲。

下面我們再來看看粉絲族群的基本特徵，它包含以下幾點：

首先是族群成員特徵呈現多樣化。曾經青春期的少男少女是追星族的主力軍，而如今在粉絲族群中打破了年齡的界限，

不再僅限於某個年齡區間。從粉絲的職業分布來看，粉絲涵蓋了社會的不同職業層次，從學生、上班族到產業菁英；從收入角度來看，它包含了零收入到高收入的各個階層人群。

其次是透過新媒體進行社交。以網路和行動網路為代表的新媒體為粉絲提供了社交條件，使其深度參與成為可能。粉絲除了在外形和行為上模仿崇拜對象外，還利用新媒體，影響媒體報導和大眾對其崇拜對象的態度，甚至能夠對抗媒體製造的負面新聞。

最後是內部組織的規範化。粉絲族群擺脫了追星族時代一盤散沙和烏合之眾的情況，有明確的成員關係和團體意識，同時具有一致行動的能力。組織的規範化不僅加深了粉絲組織內部的相互理解，保持族群的相對穩定，還保護族群不受外界的影響，有效地維繫了粉絲族群的凝聚力。

基於上述粉絲特徵，網紅們在引導粉絲變現的時候所施加的影響力無不是針對於此，效果如何，不言而喻。

粉絲族群的標竿 —— 影響力引導變現

對粉絲影響力的加深令網紅成為其「粉絲族群」的標竿，作為影響力非常強的網紅，其在社群媒體上小小的舉動都能引起媒體的爭先報導，粉絲的追隨行為更是達到了「令人發指」的程度。這樣的網紅還有很多，透過把影響力持續不斷地施加給粉

絲，最終會實現粉絲的變現。

從 2015 年電商平臺上女裝店鋪銷售排名中，網紅店鋪占 5 家，網紅們的粉絲變現能力得到了最好的詮釋。難怪電商服飾產業市場總監也表示：「網紅在社交平臺上擁有大量粉絲，粉絲的忠誠度出奇地高，比如一位有 50 萬粉絲的網紅，輕鬆就能得到 4 萬多的人次回報，這種強大的變現能力使『紅』變成了一種生產力。」

那麼，網紅的這種「超自然」的影響力從何而來呢？「互動」是新媒體時代的最重要關鍵詞，各種互動式網路平臺的出現讓原本形如散沙的粉絲找到了凝聚成為團體的途徑，便捷、迅速、即時的通訊網路也為粉絲們打開了即時互動的管道。具備了這些條件，網紅與粉絲的交流是在無障礙、無時間差的條件下進行的，對粉絲的影響可以達到即時與反覆，這就是網紅影響力的來源。網紅們花費大量時間來打理新媒體，IG、FB、影片直播等都成為網紅與粉絲建立感情連結的橋梁，其目的就是透過互動對粉絲施加影響。

把粉絲變成資產：變現效率展現網紅經濟魅力

根據統計，頂級網紅的粉絲轉化率為 20%，普通網紅只要粉絲數量足夠多，這一比例也能夠維持在 5% 以上。這其實是一個相當可怕的數字，以粉絲數量在百萬量級的網紅為例，如

果粉絲轉化率達到 20%，則意味著將有 20 萬粉絲進行了變現。

2011 年前，小研是一個女裝模特兒。模特兒生涯為她帶來了財富，更重要的是為她累積了粉絲。當小研把自拍照片發到社群媒體上時，照片裡出現的服裝、配飾、化妝品都成了粉絲詢問的焦點，她們希望知道在哪裡可以買到同款。於是小研把粉絲轉化，4 萬多名「好友」讓她在 2013 年創建了一家月均銷售額千萬元、資產過億元的日用品公司。目前小研的粉絲數量是21 萬，這樣算來小研粉絲的轉化率接近 20%，如此高的變現效率造就了她日用品公司的銷售額。

「網紅獲利的根本是粉絲的信任。」小研的丈夫小紀這樣說，「小研粉絲的回頭率非常高，一個粉絲可以做到這個地步，是因為對小研的極度信任。」小紀的話能夠反映出一個網紅真正的「魅力」。

實際上，網紅店鋪所銷售的產品在技術或品質上並不比其他同類產品有實質性的提升，但為何更能獲得粉絲青睞呢？答案就在於網紅推銷的產品讓粉絲獲得在產品之外的情感價值和體驗，在小眾市場上，滿足顧客更具個性的需求，這為普通產品帶來了品牌溢價或者說軟價值。

另一些值得注意的現象是：在網紅的粉絲裡，同一個粉絲反覆變現的情況經常會出現，這在轉化率的數據中是看不到的；另外，一個粉絲高額變現的行為也同樣不會反映在數據中。然

而這些行為卻大大提升了網紅粉絲資產的變現數值。

CC 是一名網路主播，擁有近 2,000 名粉絲，每月收入過萬，有 32 人充值成為他的「守護神」，幫助他管理粉絲。根據所處平臺規則，一個人開「守護」一個月，就需要 2,000 元。一旦過了時限，這些「守護神」就需要繼續充值來延長守護時限，在網紅的世界裡，這種粉絲重複性變現的例子比比皆是。

曾經的一個新聞對網紅粉絲高額變現的行為做了最好的詮釋：在某直播平臺上，一位神祕粉絲一次向一位女主播贊助了 100 萬元。這樣的闊氣手段，驚訝了所有觀眾，而這位神祕粉絲送完錢之後就下線了，誰也不知道他是誰。雖然這樣的行為只是個案，但是一些 10 多萬元的贊助在直播平臺上是經常出現的。

如此高的變現效率一方面展現出網紅的個人魅力，另一方面也展現出了網紅經濟的魅力，顯然它具有不可複製性與個性化色彩，是網紅魅力價值的獨有詮釋。

資本帶來網紅經濟的繁榮

正是由於網紅所具備的變現價值逐步顯現，因此在近一兩年，網紅經濟吸引了資本的關注目光。

對於資本對網紅經濟的關注，某位創投資本家是這樣解讀的：「資本關注到網紅是很正常的，因為網紅深受年輕人喜歡，

深受消費者喜歡，因此他們會成為交易的對象，也會形成一種商業模式。」

當然我們也要明白，從資本的角度來看，一個網紅商業變現的可能性更多地取決於他所能提供的市場價值，因此網紅與資本能夠攜手的最關鍵因素是，其商業化是否能為粉絲提供更多價值，同時還有他所提供價值的持續能力如何。

其實資本對網紅經濟的關注並不僅限於網紅本身。

早在 2015 年，某科技公司就宣布已完成由知名資本公司、韓國 YG 娛樂等知名投資機構跟投的 2 億美元 D 輪融資，隨後該科技公司推出了影片直播平臺。在這次融資後，該科技公司市值已超過 10 億美元，更為重要的是此次融資背後的深意，它是資本進入行動短影片領域的一步關鍵之棋。為何這樣說呢？這是因為相比文字、圖片、音樂等展現形式，影片更生動，更能透過具象的表現手法來吸引受眾，從而引發社交互動，這就是我們經常聽說某電影或者電視劇被幾千萬人收看，但很少聽說某篇文章被幾千萬人閱讀的原因。該科技公司的成功融資可以看作是資本對影片自媒體價值的認可，而這正是網紅經濟中最重要也是發展最快的一個領域。在這之後影片直播市場迎來了資本的相繼入駐。

除此之外，為網紅服務的「網紅培訓公司」也受到了資本市場的關注。

　　無疑，資本已經對網紅經濟敞開了懷抱。它不僅反映出資本層面對網紅變現能力和潛力的看好，同時也為網紅經濟圈打開了通向資本市場的康莊大道，從之前的自產自銷到資本介入後的規範化運作，網紅經濟迎來了一個真正的「富時代」。

　　網紅經濟從 2015 年開始進入快速增長與規模化發展期，其引發的商業化變革顛覆了傳統經濟思維的固有觀念，以內容製造、行銷、通路等關鍵環節為結點，建立起了一整套新的產業流程，身處經濟圈中的每一個環節都獲得了巨大的商業機會。可以說，網紅經濟中一條完整的產業鏈已經形成，並開始高速運轉。

第二章

窺探網紅經濟的生態

網紅經濟的開始其實完全可以說是一場「意外」，網紅們以形象、品位、個性等為主導所進行的自我包裝與推廣，竟然在社交媒體上聚集了人氣，由此依託龐大的粉絲團進行定向行銷，將粉絲轉化為購買力，網紅經濟便由此漸漸成型。本章我們就來拆解網紅經濟的產業鏈，透過對產業鏈各個環節的解讀來深度了解網紅經濟的商業模式。

從草根到明星，網紅們的轉型

其實從 1999 年開始「網紅」文化就已興起，至今已經有 25 年。當然由於受到上網條件、頻寬等技術因素的限制，早期的「網紅」與現在有天壤之別。如果按照傳播形式來劃分，我們可以把網紅的「發展史」分為三個階段，即文字時代、圖片時代與多媒體傳播時代。

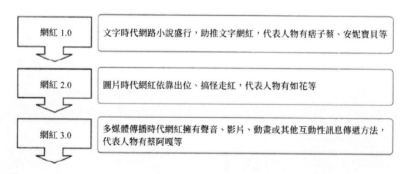

圖 2-1 網紅發展史圖例

文字時代的網紅1.0

在 20 世紀末網速還只有幾 Kb 的年代，網友更多是依靠文字來獲得網路中的資訊。那個時候的網紅也大多靠文筆起家。

90 年代末，痞子蔡的《第一次親密接觸》開始被各大網站瘋狂轉載，成為第一部網路暢銷小說，開啟了網路文學的先河。這本小說透過網路傳播後的影響力在當時可謂空前，一時間所有少女的頭貼都統一換成了長髮頭像，暱稱改為「輕舞飛揚」。毫無疑問作者蔡智恆（痞子蔡）也成為當時名副其實的第一批「網紅」中的一員。在他之後，「文字網紅」安妮寶貝等開始陸續出現。

早期的網紅，均是以才華取勝，畢竟當時的網路世界是以文字內容為主，看不見臉。因此，這一時期的「網紅」都是不折不扣的「草根」，他們大多出身於平民階層，沒有展示容貌的通路，也沒有自我包裝與推廣的經驗，純粹依靠才華文筆來吸引粉絲，自我推廣的通路非常單一，僅限於門戶新聞、論壇、部落格等。網路文學網站的興起，造就了一大批依靠網路寫作出名的網紅，才華加勤奮是早期網紅的特徵。

作為 1.0 時代最成功的網紅，安妮寶貝用個性化的文字探討愛情、人生的話題引發了當時年輕人的共鳴，她在網路上發表的《七月和安生》獲得了成功，在網站上有固定專欄和作品集，她的名字也曾幾度入圍作家富豪榜。

　　1.0 時代的初期，稍微有些知名度的網紅基本都是依靠興趣支撐，沒有太多收入來源，微薄的網站稿費並不足以養活他們，隨著網路文學網站的興起，為網紅打開了施展才華的空間，在網路文學網站的平臺上，許多網紅賺到了人生的第一桶金，他們完成了從線上走向線下、從虛擬走向實體的過程。

圖片時代的網紅2.0

　　隨著網路的發展，一個讀圖的時代來臨了，網紅們終於可以不僅僅受困於文字，圖片在網路裡的風靡把更豐富的視覺體驗帶給了網友。這一跨越式的變革為網紅們帶來真正的「黃金時代」。

　　這一時期出現的網紅以圖制勝，吸引了網友的目光，其影響力也比文字網紅大大提升。

　　毫無疑問，圖片時代使網紅的產生變得更加容易，同時加入了更多商業運作的成分。比如某位網紅的幕後團隊就曾宣稱，在制定推廣方案時，高調成為重點，並且在網路上雇用了大量「水軍」進行發文造勢，從而成功地將網紅的名號推向極致。透過與網紅的合作，這一幕後團隊獲得了高額的收益。

　　在網紅「經典」形象的背後都有著深深的商業化運作烙印，網紅背後的商業團隊開始浮出水面。這種現象意味著從此開始，網紅的產生趨向於規模化、商業化，其帶來的經濟價值已經顯現出來。

多媒體傳播時代的網紅3.0

當網路邁向多媒體時代後，網紅也開始隨之進化，進入「個性化」時代。3.0 時代的網紅幾乎都能夠熟練運用新媒體，利用影片、動畫等新媒體形式來吸引大量粉絲，再如直播主也是透過語言、服飾等貼著個性化標籤的內容在新媒體上吸引關注。同時，社群媒體的出現也成為網紅造星的聖地，網紅與社群媒體的「聯姻」出現在 3.0 時代的開始期，這個圖文並茂的直接訊息推送平臺不僅讓網紅更貼近粉絲，更重要的是為網紅提供了基礎行銷通路。

3.0 時代的網紅們在特點上與之前的網紅有著明顯的區別：

首先是自我表現形式的多樣化。3.0 時代的網紅們已經不僅僅侷限於文字、圖片的展現方式，影片、動畫、漫畫、直播等立體化的展現方式都被網紅們用到極致。

其次是推送通路的多樣化。FB、IG、YT、直播網站等新媒體平臺的出現，讓 3.0 時代的網紅有更豐富的通路去展現自我。

再次是行銷意識的大幅提升。網紅經歷了從 1.0 時代的默默無聞到 2.0 時代的大紅大紫後，累積了成熟的自我推銷經驗，同時對商業化運作常識也有了深刻的理解。於是我們可以看到，進入 3.0 時代後，網紅已經能夠熟練運用植入式行銷、精準行銷等方式來獲得直接的經濟收益。

最後是清晰的商業化痕跡。如果說 1.0 時代僅僅是網紅在投石問路，那麼 2.0 時代後期網紅的經濟價值已經被廣泛關注，一些獨立的商業化運作也就此開始，並取得了不錯的效果。進入 3.0 時代後，網紅背後的產業鏈日趨完善，帶動了網紅經濟的爆發性增長，網紅也由此脫離了「草根」範疇，進入了純商業領域。幾乎每個成功網紅的背後都離不開商業策劃、團隊實施與行銷策劃。

到此，網紅完成了商業化轉型，他們不再是無拘無束的「草根」名人，而轉變為了商業利益的代表者。對於這種轉變我們可以這樣來看：不斷推進的網路技術與不斷革新的新媒體平臺造就了網紅的轉型，也造就了網紅經濟的蓬勃。

新媒體時代下網紅經濟的生態

隨著網紅商業化轉型的完成，網紅經濟生態圈也隨之形成，在我們拆解網紅經濟產業鏈之前首先對網紅經濟生態圈做必要的了解。

什麼是網紅經濟生態圈？它是以網紅經濟產業鏈為基本構成，產業鏈上各個環節互相作用、互相影響、互相促進，從而形成一個類似自然界中生態圈一樣的良性循環和互動。

圖 2-4 展示了網紅經濟生態圈中的產業鏈各重要環節及網紅經濟的生態循環流程。其中，網紅是生態圈中的核心角色；網

紅經紀公司扮演網紅生產、包裝、商業化運作的角色；網紅的
曝光在社交平臺上進行，而粉絲則透過社交平臺與網紅進行互
動；當需要讓粉絲變現的時候，社交平臺就遠遠不夠了，於是
電商平臺成為網紅主要的變現通路，網紅會引導粉絲進入電商
平臺實現變現，變現的收益由網紅與其背後的經紀公司分潤。
這就是網紅經濟生態圈中的核心循環流程。

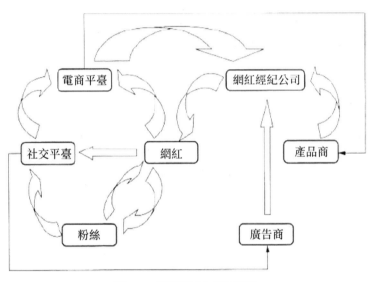

圖 2-4　網紅經濟生態圈圖例

　　由於網紅具有引導粉絲變現的能力，於是當網紅的知名度
達到一定程度後，廣告商與產品商便出現了。廣告商透過網紅
經紀公司提出廣告需求，透過廣告拍攝、廣告在社交平臺上的
植入等方式利用網紅的粉絲影響力達到廣告的傳播效果。產品

商則透過網紅經紀公司提出產品銷售需求，透過電商平臺等產品銷售平臺來達到產品銷售目的。這就是網紅經濟生態圈中的衍生循環流程。

網紅經濟生態圈的形成經歷了這樣一個過程，它始於網紅與粉絲在社交平臺上的簡單互動，隨著行動網路的普及，更多類型的新媒體出現，這種互動由最初的論壇到部落格，再由部落格轉戰到社群軟體，進而發展到影片直播間，互動的即時性與真實性大大增強，網紅的影響力也大大提升，進而網紅的商業價值展露出來。隨著電商平臺的發展，網購風靡，改變了人們的消費習慣，便捷的支付令粉絲變現成為可能，為網紅經濟拓展了規模空間。當一切都變得皆有可能時，網紅自身的商業營運劣勢給了網紅經紀公司介入的機會。隨著網紅經紀公司進入生態圈，網紅的商業化運作趨於專業，對網紅產生的「注意力效應」以及變現能力均發揮了推動作用，當網紅的雪球越滾越大時，廣告商、品牌商、產品商甚至資本方也就隨之被吸引入生態圈中，這便是網紅經濟生態圈的形成過程。

當然，如今的網紅經濟生態圈也在發生著變化，頻寬升級帶來了影片直播，行動網路帶來了即時互動，新媒體孕育出新模式，新模式帶來了新體驗，依附於網紅經濟產業鏈上的角色越來越多，也越來越複雜，網紅經濟生態圈中的循環也在逐漸擴大、增加。下面我們將對網紅經濟產業鏈做詳細的拆解，幫助讀者把產業鏈上的各個環節看得更清楚，了解得更透澈。

網紅製造工廠

如果把網紅經濟產業鏈拆開，我們可以大致分為三段，即產業鏈上游、產業鏈中游與產業鏈下游。這些位於產業鏈不同位置的環節都依附於「網紅」這一核心，透過利用自身優勢在網紅經濟中獲得一席之地。

首先讓我們來看一下位於產業鏈上游的網紅經紀公司與網紅培訓公司。

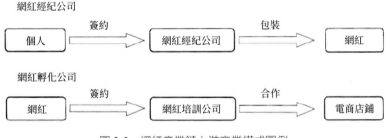

圖 2-5　網紅產業鏈上游商業模式圖例

很多網紅似乎都是偶然之間被人們發現，然後傳播開來，但如果去挖掘這些網紅背後的故事就會發現，大多數知名網紅成名的背後都有幕後團隊在推動。某網紅經紀公司負責人對此是這樣解讀的：「如果要透過炒作讓一個人成為網紅，而這個人之前又沒什麼名氣的話，就需要在網路上製造一些事件，由被炒作者來配合。成為一個成功的網紅，而這背後就是網紅經紀公司的推動作用。這類網紅經紀公司一般都擁有強大的網路媒

體資源，能夠保證其所推送的內容出現在主流網路媒體的醒目位置，再配以其他推廣方式，能夠在短期內藉助話題事件令一個普通人變成受到高度關注的「網紅」。

由此我們可以看到，網紅經紀公司實際上是專業的「網紅製造」公司，透過打造網紅來獲得基本收益。下面我們再來看看網紅培訓公司。網紅培訓公司是指透過大量簽約網紅，進行粉絲經濟行銷，並主要負責客服、營運、物流倉儲、產品生產開發、售後流程等各方面流程的公司。

網紅培訓公司的出現並非沒有根據。近兩年來，網紅開店已經顯現出清晰的商業模式，但劣勢同樣明顯：缺乏供應鏈支持，團隊管理沒有規範。當網紅需要透過電商平臺來實現變現時，解決供應鏈通路問題一般有以下幾種方式：最基礎的就是在現成的批發市場拿貨，在起步階段這幾乎是每一個網紅的選擇。但是弊端十分明顯：撞衫是幾乎不可避免的。當發展到一定規模以後，大部分就會選擇與可以代工的工廠合作或者自己開設工廠，但是這樣做投入資金大，存在風險。

在這種情況下，網紅培訓公司應運而生。這些公司大多是電商出身，依託供應鏈優勢和公司化管理優勢，能夠對店鋪進行專業化的整體經營，能夠駕馭上游設計生產、下遊推廣銷售等各個環節。他們專門依託電商平臺，專注於幫助網紅提升變現環節的效率。這類公司的出現彌補了網紅電商營運方面的劣勢。

在電商平臺上，網紅店大多出售女裝和化妝品類，從設計到推廣還是區別於傳統店鋪。網紅店多採用「預購」的方式，先推出一系列產品在網紅的社交媒體平臺上預熱，透過與粉絲互動收集反饋，在預購「試水溫」後再根據粉絲的訂購情況進行生產，低庫存的方式有利於避免積壓庫存，實現更快循環。目前，產業內做得最好的店鋪庫存量大約在 2% 至 3%，而傳統服裝生產商不良庫存率大約在 12% 至 15%。

與這類網紅培訓公司簽約的網紅與普通網紅有所不同，他們被要求在粉絲互動時更注重細節，在社交平臺上，在任何與產品有關的互動裡，網紅都要努力滿足粉絲的需求，既要與粉絲保持一定距離的互動，又要為粉絲提供想像空間和商品價值。他們所要做的就是在前端利用自身人氣來維持和粉絲的互動，從而感知粉絲的消費需求；而網紅培訓公司則在後端迅速反應，為網紅提供生產、銷售、客服等一條龍服務。

上述這類網紅培訓公司業務專而精，由於自身起家於電商，對店鋪營運模式了然於心，同時已經具備了電商交易流程中的所有資源，尤其在產品鏈供應與物流上已經自成體系，因此在與網紅合作時幾乎沒有門檻，完全能夠發揮雙方優勢形成合力。

還有一類網紅培訓公司，其營運的側重點有所不同。

2015 年，徐某看到了網紅經濟中的巨大商機，於是她與另

外兩個合夥人一起創辦了網紅培訓公司。公司已經先後簽約了十幾個具有旅行或健身達人、名校校花、時尚辣媽等個性標籤的「網紅」。簽約後，公司不僅負責這些網紅的帳號營運，還幫他們承接廣告代言、品牌活動，甚至還會對接網路電視、電影劇組的片約。

除此之外，公司還幫助「網紅」打造屬於自己的服裝品牌，透過電商平臺來實現粉絲的變現。公司在辦公室裡專門設立了一個很大的試衣間，一排排衣架上掛滿了當季最流行的女裝款式。很多衣服上掛有標籤，上面密密麻麻地寫著一些修改意見，這些修改意見是公司簽約的網紅們在聽取粉絲反饋後列出的調整意見，而服裝設計師會根據這些意見來最終確定服裝的樣式與配色。在公司的團隊構成裡有專業的設計師，有專門負責線上銷售和售後服務的人員，甚至還有代工工廠。據徐某介紹，至今這部分業務一直在為公司提供穩定的現金流，讓公司始終處於盈利狀態。

對於上述這一類型的網紅培訓公司來說，其賴以生存的殺手鐧是公司所擁有的公關資源和貨源工廠通路，而「網紅」的變現能力則是網紅培訓公司最為看重的一點。因此這些公司往往會去尋找那些有潛力、有一定粉絲基礎的小「網紅」進行合作實現雙贏。

據業內人士介紹，目前網紅與培訓公司的合作模式一般分為二種：

第一,培訓公司出資,網紅出力,網紅拿 10% 至 20% 的銷售額。

第二,網紅出資,培訓公司提供產業鏈和店鋪營運服務,培訓公司拿 10% 至 30% 的銷售分潤。

第三,網紅、培訓公司共同出資,共同建設產業鏈,網紅一般會按底薪＋利潤分成。

依靠網紅強大的粉絲效應,目前網紅電商銷售的利潤率一直維持在 20% 左右,遠遠高於傳統服裝產業。

有業內的分析師曾表示,「網紅經濟」從盈利模式上來看可複製性強,成本較低,市場以內需性消費為主,具有可持續性,因此也被投資界看好,一些市場占有率較大的網紅培訓公司甚至已經獲得了風投的資金支持。

新媒體上的網路秀

在網紅經濟產業鏈中,新媒體平臺位於產業鏈中遊,作為網紅賴以依存的社交媒介,新媒體平臺發揮著至關重要的作用。近年來,新媒體的發展勢頭迅猛。從影片網站到直播平臺,從個人電腦 PC 端到行動端,新媒體已經形成了社會化、行動化、平臺化的發展趨勢。

網紅經濟青睞新媒體

網紅與新媒體結緣後對自身價值的展現有著巨大的推動作用，新媒體的優勢被網紅演繹到了極致。我們對新媒體的特徵進行梳理就會發現，網紅最為依賴的是其中的社交屬性。新媒體在社交功能上的優勢是其被植入網紅經濟的關鍵因素。

新媒體的社交屬性表現在平臺創新地建立了與「傳播」相對應的「關係」功能。「傳播」本是媒體的根本屬性，對於傳統媒體來說「傳播」更多關注的是訊息內容，對傳播背後的「關係」價值並沒有展現的能力，而新媒體的出現打破了傳統以「傳播」為本的媒體價值。新媒體使以「我」為中心的訊息傳播成為趨勢，每個新媒體的用戶都不再是被動的接受者，而轉變為主動的內容創造者與傳播者。

新媒體平臺的出現使網紅可以更好地運用這種關係資源，把弱關係轉換為強關係，最終實現流量變現，彰顯自身價值。要知道在社交媒體中的「關係」是一種可以數據化的資源，這種屬性為網紅進行「關係轉換」提供了一條有效的路徑。

網紅們實現「關係轉換」一般會經歷兩個階段，第一階段：網紅會把與粉絲間一對一建立的個體關係向網紅與粉絲之間一對多的團體關係進行轉換，從而獲得上文中提到的「關係數據」；第二階段：網紅會把「關係數據」有意識地向「關係價值」層面進行轉換，從而完成關係從量變到質變的過程。從個體關係到關係

價值的形成，其實是網紅透過社交平臺將粉絲的社會屬性向經濟屬性轉換的過程。這就是網紅經濟中所謂的「粉絲變現」。

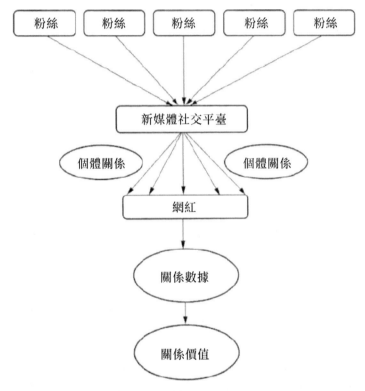

圖 2-6　新媒體平臺關係轉換圖例

那麼我們不禁要問，為什麼新媒體的社交屬性具有如此強大的力量呢？這是因為在這些新媒體的平臺裡擁有一個關係轉換的機制，這一機制的運轉流程表現為以下幾種形式。

首先，新媒體平臺透過優質的產品和良好的服務來聚攏人

氣，實現關係的聚合。

其次，新媒體平臺透過節目層級的分類在關係的深度與寬度中建立不同興趣的關係聚類，實現關係的過濾。

最後，新媒體平臺透過有效的關係過濾發掘出用戶潛在的價值。

這些新媒體不僅是一個內容集成平臺、訊息發布平臺，更重要的是它承擔著綜合服務屬性。在網紅經濟裡，它是一個介於粉絲與網紅之間的媒介，透過平臺上的資源聚合和關係轉換為網紅經濟提供服務。

那麼，新媒體又是如何創造價值的呢？新媒體透過不斷地推出新產品，提高用戶體驗和用戶黏著度，從而形成用戶響應度更高的平臺生態圈來實現其商業價值。比如 Line，經過短短幾年的發展，用戶不僅可讀、可看、可聽、可交流，還可玩、可用（購物與支付），可以說已形成了聚合更多社會資源、響應用戶更多需求的平臺生態圈。

當大量的資源流透過新媒體平臺嵌入到個人關係網和社會網絡中後，平臺就可以透過個體價值的最大化來實現平臺價值最大化。比如影片直播平臺就是透過粉絲贊助的機制來獲得平臺收益，當粉絲數量足夠多、網路主播足夠多時，贊助機制的出現給了粉絲在網紅面前扮演「上帝」角色的機會，從而不僅使網紅獲得了個體價值的最大化，平臺也透過分成實現了平臺價

值的最大化。

在網紅經濟中，被廣泛應用的新媒體平臺主要包括 IG、FB、影片平臺、直播平臺等，下面我們就來逐一分析這些平臺在網紅經濟中的關鍵作用。

網紅創意地：影片平臺

近年來影片平臺的大量出現為網紅增加了傳播的通路，甚至成為網紅鍛造的試煉場，許多網紅從這裡走出，大有成為主流的趨勢。這是因為影片作為一種資訊載體，可以承載語言文字、圖像、聲音、動作演示等幾乎所有的訊息表現形式，同時影像的傳播相比文字與圖片更加直接、即時，在粉絲心中形成的形象更加具體化；影片傳播的另一個優勢在於能夠提供更加豐富的場景與創意，引爆關注的作用格外明顯。一個精心製作的短影片，可以涵蓋所有用戶想要關注的訊息要素，由此，只需要一分鐘，這也是用戶精神最集中、社交識別最高效的時間，用戶即可完成要不要成為他／她的粉絲的關鍵社交判斷。因此影片無疑是社交網路裡最高效的吸粉方式。

隨著技術的不斷升級，現在幾乎所有主流的影片平臺，都集成了最基礎的修圖、濾鏡、特效、拼接功能。只要有好的創意靈感，不需要技術和設計背景，一個普通人就可以製作很優秀的短影片。這也為網紅進入影片領域降低了技術門檻。

網紅才藝場：直播平臺

線上直播平臺是新一代網紅運用最多的社交通路。由於網路直播是透過網路平臺展開，相對於傳統直播來說，用戶有了更多參與性和選擇空間，如目前流行的球賽直播、戶外直播、聊天直播等。由於形式簡單，內容包括萬象，加之網路沒有播出時間的限制，用戶可以選擇自己方便的地方、方便的時間去觀看直播，因此這一形式格外受到網友的歡迎。

來自知名市調公司的調查報告顯示，2015 年第三季度，線上影片的市場規模已經達到 115.3 億元，同比增長 62.7%；另一家機構則指出，行動影片應用用戶規模高達 8.79 億，占了整體行動網路用戶數量的 77.25%。據不完全估計，目前活躍的直播平臺超過 30 家。

從線上直播平臺誕生開始，它就化身成為網紅才藝魅力的展示場，在直播間中，網紅透過形象魅力、語言魅力、才藝魅力、創新魅力等來吸引粉絲，甚至連一些明星也加入了進來。范冰冰參加巴黎時裝周，從坐上車就開始實時直播時裝周之行。隨著明星的加入，線上直播平臺的人氣更是扶搖直上，其循環體系的完善正在改變著用戶的消費習慣。

綜上所述，本節向讀者展示了新媒體平臺在網紅經濟產業鏈中所處的媒介地位。作為產業鏈上不可或缺的一環，新媒體

平臺與網紅形成了互相影響、相互依存的關係，並在網紅經濟中找到了其價值實現的商業模式。

社群粉絲行銷的變現

在網紅經濟產業鏈下游，變現通路是其主體構成。「變現」是網紅經濟產業鏈上最為重要的環節，它決定著網紅個人的成敗，影響著網紅經濟的發展。

在目前的網紅經濟模式中，網紅的變現通路有以下幾種：電商、廣告、粉絲贊助、商業演出、商業合作、網劇音樂、形象代言、網紅培訓。

電商

電商是網紅經濟裡主要的變現通路。網紅透過合作或者乾脆自己開店在電商平臺上進行產品銷售賺取收益。由於網紅擁有龐大數量的粉絲團，粉絲忠誠度較高，因此透過電商變現相對容易。對於電商平臺而言，網紅的到來發揮了引流的作用。而「社交＋電商」的模式能夠帶來巨大爆發性的消費力，它能夠充分利用社交平臺龐大的用戶，把這些用戶變為可觸及的潛在消費者，解決了傳統電商現存的流量供給不足的問題。

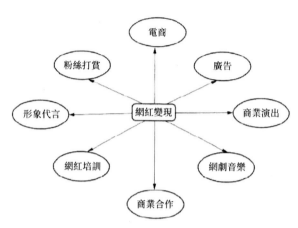

圖 2-9　網紅變現通路圖例

　　目前在社交平臺上有著數百位網紅，擁有超過 500 萬的粉絲，他們依靠社交平臺快速推送時尚產品，在網路上進行預售、訂製，配上商家強大的生產鏈形成了網紅經濟中一種獨特的商業模式。

廣告

　　廣告也是網紅經濟裡變現的常見模式。在網紅的 YT、IG 等各類社交平臺上都會有廣告植入。網紅是內容的生產者，有先天的內容駕馭能力，粉絲對其發布的內容極易產生共鳴，因此能夠確保廣告投放的效果。比如那些透過原創小影片紅起來的網紅，在影片中插入廣告很容易讓粉絲記住。通常影片中的廣告展現方式有兩種：一種是靜態的物體在影片中出現；另一種

是在影片後期製作中加入廣告元素。除此之外，圖片＋文字嵌
入式的廣告呈現方式也已被網紅們運用自如。

粉絲贊助

　　粉絲贊助也是網紅變現的通路之一，在直播平臺上，均有
贊助的設置。「贊助」，簡單地說就是對於網紅在網上發布的原
創內容，包括文章、圖片、影片等，如果用戶覺得好，就可以
透過獎賞錢的形式來表達對網紅的讚賞。這是一種非強制性的
付費模式，用戶完全自願，相比廣告來說，這種方式不會影響
用戶的體驗。以直播平臺為例，粉絲可以透過購買虛擬的花、
跑車、別墅等禮物來表達對直播者的喜愛，每種禮物對應不同
數額的點數，直播者可以利用自己累積的點數換取真實的貨幣
收益或是透過粉絲送紅包的方式來賺取收益。直播平臺如果人
氣旺，那麼對於網紅主播來說，收益相當可觀，比如在某知名
直播平臺月收入排行榜上位列第一名的網紅主播收入接近 40 萬
元，平均日入超過萬元。

商業演出

　　商業演出是網紅變現的通路之一，早期的網紅均是依靠商
業演出來實現變現。網紅出席商業活動不僅能獲得出場費，還
能在現場獲得更多的粉絲。目前來看，網紅出席活動的出場費

高低不等，大多在三五萬元到十幾萬元之間。這一變現方式對網紅的要求較高，它要求網紅不僅要具備演繹素養、臨場應變力，更需要網紅擁有較大的號召力，從而來獲得演出效果。

商業合作

當網紅「紅」到一定境界後，商業合作便成為另一條變現通路。商業合作的方式與對象有很多，與廣告主的廣告合作、與資本方的投資合作、與媒體平臺的簽約合作等都能夠為網紅提供可觀的收益。但這一切的前提是網紅自身要有被看作合作對象的價值。目前在網紅圈除了幾位呼風喚雨的超級網紅外，能夠獲得商業合作機會的網紅還並不太多。但是也可以看到，隨著資本進入網紅經濟的速度加快，網紅在商業合作領域將會面臨相當不錯的機遇。

網劇音樂

隨著網路不斷發展，電視媒體漸漸被網路電視取代。網路電視媒體以低門檻、強互動、草根娛樂的方式深得網友喜愛。因此網紅在網路電視裡出鏡將成為網紅變現的獨特通路。網紅的粉絲都來源於網路，因此並沒有跨媒體的障礙，網紅的號召力能夠大幅提升網路電視的收視率，從中產生巨大收益。對於網路電視製作方與網紅，這是一個雙贏的合作方式。

有調查顯示，網友最喜歡的傳播方式是「影片」與「音樂」，音樂 MV 的方式無疑是兩者的結合。由於技術門檻低、製作週期短、製作成本低，結合了網紅生產內容的特點和其粉絲的口味，所以網紅出品音樂 MV 是成功的變現方式。

形象代言

其實這一通路屬於商業合作的範疇，之所以單獨拿出來是因為其具有一定的代表性。以往提到代言多會聯想到明星代言。而網紅之所以具備形象代言的條件，主要是由於網紅自身風格特徵與粉絲團興趣特徵都十分鮮明，對於代言方而言，選擇網紅代言可以實現精準推廣，並有利於今後的產品銷售，同時相比明星而言，選擇網紅代言成本要低得多。代言方只需結合自身需求找到匹配的代言對象即可，網紅也當然能夠從中實現變現。

網紅培訓

網紅培訓是一條比較特殊的變現通路，目前應用還不廣泛，但在未來可能會成為資深網紅運用比較多的變現方式。網紅培訓就是透過系統的課程與案例，採用培訓授課的方式教更多人成為網紅。這一方式具有很大的市場空間。近年來網紅概念火熱，網紅經濟發展迅猛，其影響力勢必逐漸擴散，可以預

知在未來 3 至 5 年將是網紅最好的時代。在這一背景下，網紅市場將呈現出巨大的吸引力，也會是很多人創業選擇的方向。因此網紅培訓市場的興起是必然，透過收費培訓的形式來招收學員、授課無疑也會為資深網紅們提供很好的變現通路。

綜上所述，這些網紅變現通路構成了網紅經濟產業鏈下游的通路，它們為網紅經濟流暢運轉帶來了活力，同時也為網紅經濟圈完成了循環。

本章我們對網紅經濟產業鏈進行了拆解，對產業鏈各個節點進行了梳理，相信讀者對網紅經濟的生態圈已經有了清晰的認識。從下面的章節開始，我們就將進入超級網紅的修練課程，從不同維度帶大家領略「網紅製造」的奧祕。

第三章

超級網紅修練課程（一）

本書的主題是打造超級網紅，從本章開始我們將為讀者揭祕超級網紅修練的祕籍。網紅這一族群看似風光無限，不僅引人崇拜而且收益不菲，但想要獲得令人矚目的成功，從網紅進階為「超級網紅」其實並不簡單，它對於網紅的全方位綜合素養要求甚高。本章我們就來學習超級網紅所必備的四大素養。

發現創意，創造獨一無二的內容

進入行動網路時代，內容已經成為最大的流量來源。內容創造能力是網紅能夠被持久關注，從而走上超級網紅神壇的核心能力。網紅從出現的第一天開始就是依靠創造內容來獲得粉絲的關注。

內容才是真正的「風口」

網紅經濟依賴的是眼球經濟和粉絲經濟，是注意力資源與實體經濟的結合。既然是眼球經濟，受眾就可能會審美疲勞，於是我們看到，曾幾何時，以犀利哥為代表的網紅，經歷繁榮後卻最終歸於沉寂，消失在人們的視野中。曾經的網紅，某日用品有限公司董事長就曾說過，「網紅經濟本質是注意力經濟，必須持續砸錢推廣，搶奪粉絲注意力，才能維持生命力。然而光砸錢是遠遠不夠的，一個生命週期長的網紅，最重要的還是要提供有價值

的作品，就像明星不斷出演電影、電視劇一樣」。該董事長在選擇網紅進行培養時，最看重那些有能力、有內涵、精神層面價值更高的人。比如可以教做飯的廚師，即便是做到 70 多歲也能一直紅下去，這是因為廚師的技能隨著年齡的增長趨於完美。由此可見，持續提供有品質的內容對網紅來說是多麼的重要，因此我們說，內容才是網紅經濟裡真正的「風口」。

「網紅」要想變成「超級網紅」，並形成自己的商業模式，必須具備內容創造能力。無論是深厚的文化內涵，還是對股票金融理財市場提供的各種深度分析；無論是深入剖析兩性情感內容，還是透過辯論展現個人風格的，總結起來都是透過高品質的內容來吸引用戶。這是因為在任何時候內容都不會過時，專業的理論分析、深入淺出的觀點看法再結合正確的價值觀，總能讓用戶在關注的過程中有所收獲，這才是超級網紅成功的根本。某主持人就曾表示：「作為網紅，展現形式可以娛樂化，但展現的內容絕對需要專業和深度，需要對用戶負責，有正確的引導，否則不僅無益，還會讓用戶受到傷害。」

2016 年後，網紅經濟開始從形式向內容過度，可以預見今後的網紅將更加專業化、職業化，而那些可以為用戶提供內容價值，有原創力的網紅將會脫穎而出。因此，優質內容是網紅經濟賴以發展的關鍵，同時持續的內容創新能力、鮮明的形象定位也是網紅們吸引用戶、提高黏合度、鞏固粉絲的核心因素。

如何做好內容策劃

　　既然內容對於網紅來說如此重要，那麼輸出什麼樣的內容既能吸引粉絲，又能帶給粉絲價值觀的認同呢？首先你需要做一些功課，它們包括：

- 了解目標粉絲的年齡結構、性別、文化層次、喜好、消費能力等象徵性特徵，從而在創作策劃時使內容更貼近粉絲喜好。

- 了解粉絲對內容呈現形式的偏愛度。不同類型的粉絲對文字、圖片、動畫、聲音、影片等不同的內容呈現形式喜好各不相同，比如遊戲粉絲對影片攻略的接受度要遠遠大於圖文攻略。

- 了解粉絲的「痛點」在哪裡。網紅輸出的內容最怕不痛不癢，平淡無味。對於粉絲的「痛點」，超級網紅必須了然於心。所謂「痛點」就是粉絲內心中最渴望滿足的需求。比如遊戲粉絲的一個「痛點」就是遊戲背後的劇情故事，許多玩家都是打通了遊戲卻對劇情朦朧不知，如果網紅能夠輸入類似的內容，那麼無疑「正中要害」。

　　一旦做好了上述功課，那麼在策劃內容時就能夠做到有的放矢，策劃內容的大方向便不會產生偏差。接下來便是對內容的策劃，你要秉持著以下幾個原則：

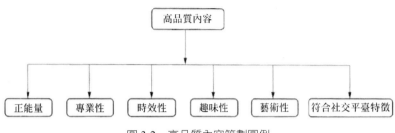

圖 3-2　高品質內容策劃圖例

- 內容要傳遞正能量。一些網紅在輸出內容時僅以製造話題、引起關注為目的，內容品質過於低級。這類網紅即便短時間內獲得了關注，但此種跨越社會道德底線的行為最終並不會被社會所容，也不會被粉絲所容。因此，在內容策劃上道德底線不能跨越。

- 內容要體現專業價值。網紅作為粉絲的代表，其傳播的內容同樣具有代表性，因此每一次的內容輸出都要有價值。這對網紅樹立口碑、進行商業拓展都具有積極意義。

- 內容要兼顧時效性。隨著網路的發展，如今早已進入「速食」時代，龐大的資訊量每天都在轟炸粉絲的大腦，因此在策劃內容時你必須考慮時效性因素，過於陳舊的話題不能引起粉絲的興趣。

- 內容要有趣味性。有鑑於社會競爭的高壓力，大多數人把網路社交當作減壓方式，因此，過於嚴肅刻板的內容表現方式會令粉絲產生排斥。趣味的表現方式更容易受到關注。

- 內容要結合藝術性。如果能夠把從生活中發掘的普通內容，經過提煉使其脫胎換骨，那麼輸出時的積極效果是可以預見的。同樣是照片，增加了藝術感後，推廣效果真是沒話說。所以既然內容來源於生活，那麼最好讓其高於生活。

- 內容要符合展現通路的特性。如今的網路社交平臺層出不窮，特點鮮明，因此在內容策劃時，輸出平臺的特點也要考慮進去。比如 IG 只適合篇幅較小的內容呈現，而在 YT 裡則可以適當增加內容長度等。

除此之外，你還需要隨時去關注網路、行動網路發展過程裡技術的演進、社交模式的進化等外在變化，以讓自己始終跟上網路發展的步伐。舉個簡單的例子：如今，行動網路的發展改變了用戶的接受習慣，單純的文字、圖片，甚至語音的交流方式越來越難以滿足用戶表達自我、彰顯個性的需求，用戶開始希望找到一種更加直接與便利、包含更豐富的內容、更能彰顯個性、更加生動立體表達情感的交流方式。於是短影片出現了，這種內容輸出方式顯然更符合現代網友的需求。愛奇藝創始人也曾在公開場合表示：「自媒體極有可能成為網路影片劃時代的全新內容形式。」很顯然，短影片的模式最終被證明是網紅戰鬥的「主陣地」之一，那些早一步進入「陣地」的網紅獲得成功的機率比後來者要大得多。舉這樣一個例子是為了告訴你，

在新技術、新模式層出不窮的今天，只要對其保持敏感，也許你就能找到進入一個「藍海」的機會。

如何讓內容與眾不同

網路上包含的資訊量如此巨大，以至於即使品質不錯的內容想要脫穎而出也十分困難，因此在確保內容策劃原則的前提下，如何讓內容與眾不同就顯得十分重要。

「千萬不要用貓設置手機解鎖密碼」是一則手機廣告：主角在把玩一臺指紋解鎖手機時，使用了貓的指紋。當晚，他忘了幫手機充電，於是第二天不得不抱著一隻貓跑去公司上班。在經歷了被捷運拒載、被計程車司機嘲笑、被同事圍觀的一系列挫折後，噩夢沒有結束，由於簡報檔案存在手機裡，開會時，他不得不在眾目睽睽之下，再一次展示用貓爪來解鎖手機的秀逗行為。

這條手機廣告的作者是一位網紅，儘管是一條廣告，但這並不妨礙粉絲在評論裡哈哈大笑。最終，它被轉發 17 萬次，點閱近億次。毫無疑問，正是另闢蹊徑的創意使內容與眾不同。想要做到這一點，首先你要不斷提升自身的內容創造力。

你可以這樣做：

- 用一定的時間來思考。創造力需要時間去培養，它才會「發芽」變「成熟」。因此，產生創意最有效的方法就是給自己留出時間和空間去思考。

- 與團隊成員密切協同。實踐證明，腦力激盪會對創新有著一定的幫助，「三個臭皮匠，勝過一個諸葛亮」也是這個道理。

- 從資料庫中獲得靈感。在與內容創意相關的領域一定存在大量的關聯性資訊，這些資訊經常會激發創新者的好點子。

- 累積更多經驗。創造力思維也會生成經驗，甚至在某一領域裡的工作經驗也會對創新大有幫助。

- 借鑑成功案例。成功者已經為你樹立了榜樣，去看看他是如何做的會對你產生良性的啟發。

要創造出與眾不同的內容，在創新的同時你還需要對每一條輸出內容的品質有「專業級」要求。以短影片為例，雖然時間很短，但往往在影片構思和製作方面需要具備相當的「專業性」，只有這樣才能確保「精品」的出產率。

美國短影片平臺 Vine 上的紅人馬科斯（Marcus Johns）和科迪（Cody Johns）每次都會在影片構思和製作方面花費不少心血。有些 6 秒鐘的影片他們竟然花了整整 4 個小時才製作完成。他們通常會驅車到各地選景，購買道具，以豐富其影片內容。一條 Vine 影片從構思階段到最終完成往往會改動很多次。

　　與眾不同是網路時代生存的最大本錢。細數那些成功的網紅，他們依靠所輸出的內容打造出了鮮明的個人特色，由於這些帶有鮮明個人烙印的內容具有不可複製性，因此其內容的識別度很高，這也為內容的脫穎而出創造了條件。

　　綜上所述，內容創造能力是超級網紅必備的能力之一，為此你需要敏銳地學習、主動地溝通、適時地變化，不斷累積經驗，並對自己充滿信心。萬事開頭難，一旦有了成功的體驗，那麼接下來就會容易多了。

培養承受壓力與面對挑戰的心理素養

　　在網紅經濟中，競爭司空見慣，同質化的內容、同質化的平臺甚至是同質化的粉絲使網紅們時刻活在競爭關係中；同時，社會輿論、媒體報導、粉絲態度帶給網紅的負面資訊也會影響網紅的心理和情緒。因此網紅的心理承受能力總是面臨考驗，這一能力將決定網紅是否能夠在產業裡堅持下去。

抗壓能力

　　如果把網紅看作一類職業的話，那麼想要成為「超級網紅」你首先應具備強大的抗壓能力。網紅看似工作隨意、自由，實則也要背負工作壓力，拍照、修圖、與粉絲互動都需要很多時

間。受歡迎程度越高、影響力越大，這種壓力也就越大。著名的健身網紅就曾在接受採訪時說，她只能用課程之外的時間來工作，而且每週還要堅持健身，時間總是很緊迫。

另一位網紅小 a 需要每天發布文章，還需要回答粉絲的提問。據其經紀人介紹，小 a 工作量很大，每天的工作要花費大量的時間。

隨著網紅產業越做越大，粉絲對網紅的要求也在不斷提升，因此「超級網紅」的養成條件也變得越發苛刻。

你最好是幽默搞笑的，不爆話題不舒服！

你最好愛分享，愛熱鬧的白羊座或射手座，活潑開朗！

你最好愛直播，並且還能寫得一手好文章！

你最好會賣萌會搞笑，關注未來娛樂發展方向！

你最好腦容量爆表，存有大量句子、詞，能隨時調出來用！你最好是網紅臉，讓人看到就喜歡！

上面這段文字是某公司招募網紅的要求，從中我們可以看到，對於網紅基本素養的要求不可謂不高，能夠滿足此條件的網紅個個都是全能。這還僅僅只是對初級網紅的要求。一旦有了一定規模的粉絲基礎，進階版的網紅就需要具備更多能力，面對更多工作。當長時間的工作、絞盡腦汁的思考、合約指標的達成、銷售指標的兌現、同行競爭的加劇等各種各樣壓力紛至沓來的時候，網紅的抗壓能力就顯得十分重要。你可以這樣做：

- 提升工作效率，做好時間管理。在各種壓力中最常見的一種便是進度壓力，比如必須在某個時間點前完成某項工作。而這種壓力出現的原因大多是因為工作者對於時間管理的不當。比如我們常常能夠看到有人在抱怨時間太緊或懊悔自己沒能抓緊時間。那麼如何消除這種壓力呢？首先要求你對工作進行分階段時間區隔，把一項工作分割為幾個相應步驟；其次是提升個人的工作效率。

- 有效運用團隊溝通方式。每個網紅背後都有團隊支持，因此當面對工作壓力束手無策時，你可以尋求團隊成員的幫助，採用溝通的方式來化解壓力。當然你還要注意保持溝通的有效性，無效溝通不僅浪費時間而且無助於排解壓力。

- 提升壓力環境下的適應能力。很多人被壓力擊倒究其原因是對壓力環境無法適應。提升這種適應能力需要你保持精力與自信，同時具備更多的耐心及穩定的情緒。

- 克服在壓力面前的恐懼心理。對未來的擔憂是壓力的重要來源。這是因為未來的事情，任何人都無法預測。要知道對未來的擔憂不僅會耗費你大量的精力而且無益於解決問題。因此，主觀的幸福感與樂觀的態度是你需要修練的重點。訓練主觀幸福感是為了培養你體驗快樂、歡欣、知足、自豪、欣喜、感激等愉悅情緒的能力。雖然這些情感體驗大多是人與生俱來的生理反應，但透過訓練，可以強

化對這些情感體驗的強度和持久度。同樣的，訓練樂觀態度旨在培養你自信樂觀、自主行動、自如表達、堅韌力等特質。透過上述的訓練，可以幫助你克服壓力所帶來的恐懼感。

負面資訊承受能力

由於網紅職業的特殊性，這一族群始終是被粉絲、媒體高度關注的對象，因此在獲得關注的同時，也會生成正面與負面的訊息。其中正面資訊包含讚揚、支持；而負面資訊則包含質疑、詆毀、吐槽等。

有數據顯示，人們對正面資訊的接受程度要遠遠超過負面資訊，接受正面資訊會令人產生愉快、自信等正面情緒，而負面資訊則容易使人產生煩躁、排斥、壓力甚至癲狂的負面情緒。網紅由於與粉絲的距離過近，其言行的被關注程度高，因此極易產生負面資訊。

YouTube 訂閱量最高的頻道 PewDiePie 的主播謝爾貝里（Felix Kjellberg）是一個 26 歲的瑞典男生，2015 年他的收入達到 1,200 萬美元（在 YouTube 上影片觀看次數越多，就能得到越高的廣告收入）。

不過這位網路影片紅人卻製作了一個略帶抱怨和疑惑之情的影片：「取悅你的觀眾」。在影片中他表示，自己的粉絲寫下

那些不好的評論，只是因為自己沒有玩那些他們想看的遊戲。而且他們也不滿 PewDiePie 在成名之後的各種變化，比如換了錄影的地方等。

PewDiePie 在 YouTube 上的成功無疑是巨大的。截至 2015 年 12 月，其所有影片的播放量已經超過 100 億，但是粉絲的增多讓他變得有些左右為難。

上面的案例帶給我們一些啟示，網紅雖然能夠成為粉絲的影響者，但他卻無法控制每一個粉絲的言行。當網紅的某些行為或語言與粉絲的期望出現偏差時，粉絲發出負面資訊和他發出正面資訊一樣簡單。如果網紅沒有很好地處理負面資訊的能力，那麼一旦負面資訊開始擴散，媒體就會有推波助瀾的作用，那個時候網紅的承受底線將遭遇嚴峻挑戰。

既然負面資訊的發布源頭無法控制，那麼網紅在規範自身言行的基礎上也要做好負面資訊的應對準備。由於負面資訊對人所產生的消極影響非常危險，因此修練負面資訊承受能力格外重要。

- 時刻做好心理準備。任何時候，任何行為、語言都可能誘發負面資訊出現，因此你要在心理上時刻做好準備，才能做到臨危不亂，處亂不驚。

- 放平心態控制情緒。每個人在被指責、吐槽、非議時都會產生強烈的心理波動，控制情緒從而減小心理波動幅度有

助於你度過危機。這就要求你不要把注意力長時間放在負面資訊內容裡。

- 找到負面資訊處理方式。既然負面資訊已經出現的事實無法更改，那麼採用正確的處理方式將其化解才是正確的選擇。

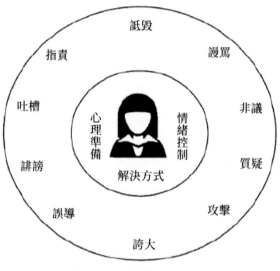

圖 3-3　負面情緒承受力圖例

抗挫折能力

任何職業想要獲得成功都不簡單，網紅尤其如此。當面對粉絲量增幅低、關注度不夠、變現瓶頸、同質化競爭等難題的時候，網紅心理會產生挫折情緒，輕者使自己變得不夠自信，

嚴重者會影響職業發展。因此抗挫折能力的修練能夠幫助你在面對逆境時積極應對，跨越挫折。

- 不要追求不切實際的目標。事實證明在達不到預定目標時，就容易產生挫敗感。因此適當降低自己的目標有利於抑制挫折感的出現。比如當你把粉絲數量或變現數量當作目標時，可以採用循序漸進的方式，由低到高設定目標；或者把目標拆分成幾個不同的階段，每個階段完成總目標的一部分，這樣做的好處是不僅減輕了任務壓力，同時抑制了可能因目標未達成而產生的挫折感。

- 有堅定的職業願景。在網紅職業道路上設定清晰的職業願景有助於你戰勝挫折。在職業發展不順利的情況下，願景會成為指路明燈，帶給你更多信心與戰勝困難的勇氣。

- 正確地看待挫折。首先你要認知到挫折是普遍存在的，從某種意義上講，挫折是網紅職業中的一部分。對於職業發展來說，其上升的方式都是曲折、螺旋式的上升。因此挫折總是伴隨其中，關鍵在於你如何去看待它。如果認知到挫折是網紅職業中不可避免的組成部分，那麼你就會對挫折有充分的心理準備，從而勇於向挫折挑戰。

- 把挫折當作前進的階梯和成功的起點。挫折具有雙重性，一方面它帶來了打擊與困難；另一方面，挫折並不都是壞事，它促使人們透過主動行為來改變現狀，在這一過程裡

磨練了性格和意志，增強了創造能力與智慧，也使人們對生活與工作的認知更加深刻、更加成熟。

在網紅職業的道路上，壓力、負面資訊與職業挫折總是會伴隨出現，有業內人士就表示：網紅的抗壓能力、心理承受能力必須要強，情商一定要高，因為只有具備這樣能力的網紅，才能夠招架得住網路上的誤解、嘲諷，甚至是不懷好意的騷擾。由此看來，每一個「超級網紅」都應該有一顆「大心臟」。

掌握短影片等新媒體技能的使用

新媒體尤其是帶有社交屬性的新媒體的出現為網紅提供了展示自我、與粉絲近距離互動的通路，因此，諸如 IG、FB、短影片、線上直播等平臺在網紅的日常工作裡使用率非常高，新一代的網紅必須要具備熟練使用這些社交媒體的能力。想要修練這一能力，你不僅要了解這些社交媒體的基本屬性與功能，還要熟悉在這些媒體上的互動方式與粉絲習慣。

短影片

行動社交從最開始的文字表達方式，到之後因智慧型手機的發展，拍照功能出現，而興起的圖片社交方式，再到全面普

及的語音時代，經歷了逐步的演變。如今，隨著高速網路的普及，透過手機影片進行社交開始成為新的流行表達方式。這其中，具有「時長短、頻率高」特徵的短影片成為新的主流的社交形態。

根據 2015 年調查統計，在亞洲使用最長的 20 個 APP 中，影片類占了 7 個，使用時長排在前 10 位的 APP 中影片類占 5 個。根據知名市調公司發表的數據顯示，2015 年一季度，整個行動影片應用程式用戶規模為 8.79 億，在行動網路整體用戶中的占比達到 77.25%。在所有行動影片應用程式中，短影片應用程式數量最少，僅占 6.1%，但用戶數的增長幅度卻是最大的，同比增長 401.3%。由此可以看出，短影片正在受到更多用戶的喜愛。近兩年，短影片市場的新產品層出不窮，這些應用程式為網紅在短影片領域施展才華提供了工具。

短影片的內容形式能夠更加完整與精準地幫助網紅把想表達和呈現的場景分享到社交圈；同時，這種方式包含了從語言、圖像到人物表情甚至情節等各種不同的形態，相比單純的圖片、語言、文字來說，能夠承載更多的資訊量。

網紅想要玩轉短影片，離不開平臺、內容、受眾這三個層面。

縱觀如今比較成功的短影片，主要是提供上下班途中、茶餘飯後、臨睡前的輕鬆娛樂性內容，涵蓋生活化的搞笑內容、

時尚美食、音樂舞蹈、明星名人、萌寵、旅行等。

有數據顯示，在短影片的受眾裡，女性比例要遠遠高於男性。在關注網紅的受眾中，20 歲以下占近 40%，21 至 25 歲占近 48%，也就是說 25 歲以下的年輕人占近 90% 的受眾比例；其中女性所占的比例又是男性的 2.5 倍。

了解上述這些特徵能夠更好地幫助你在短影片領域裡發展。同樣的，你必須明白，那些成功的短影片依靠的仍然是話題內容，這在網紅圈裡是亙古不變的道理。無論採用何種呈現方式，網紅向粉絲輸出的主體──「內容」都是成功的鑰匙，只不過短影片的呈現對網紅的表演能力也同樣提出了要求。

直播

網紅的另一個社交主戰場是近兩年剛剛興起的線上直播平臺。目前流行的「直播」大致分為兩類：一類是在網上提供電視訊號的觀看，比如各類體育比賽和文藝活動的直播，它相當於「網路電視」；另一類則是真正意義上的「直播」，即直播者在直播現場透過直播軟體進行內容輸出，供用戶觀看。這類直播較前者的最大區別就在於直播的自主性。

直播平臺由於兼具直播成本低、方便快捷與互動性強的特點，在近兩年快速增長，其中互動性強的特徵更是吸引了大量網紅入駐平臺，這些從其他社交平臺轉戰而來的網紅利用直播

平臺加速實現了粉絲聚合與變現。

　　了解不同直播平臺的特點有助於幫助你選擇適合自身特長的直播平臺，同時你還要對不同直播平臺的虛擬禮物設置、直播分成、關注度粉絲量標準也應做到心中有數。

　　綜上所述，不同的社交平臺在社交層面所影響的程度各不相同，其使用特點與方式也不一樣，因此網紅熟練運用這些平臺進行知名度推廣與粉絲聚合需要一定的時間週期，把它們玩到登峰造極的程度時，你距離「超級網紅」的目標也就更近了一步。

粉絲變現能力的培養

　　變現對於一個網紅來說是關乎其直接收益的重要能力，甚至可以說不具備變現能力便不能算作是網紅。而那些依靠拍廣告、接案子的模特兒或開網拍店、在朋友圈子賣面膜的「網紅」與「超級網紅」之間也同樣相去甚遠。從本質意義上來說，超級網紅的成功在於具備強大的商業能力，能夠從不同的通路實現變現。

善於包裝

包裝是網紅變現能力在推廣層面的直接反映。一個好的「包裝」能夠在幫助網紅獲得更高關注的同時，建立起形象壁壘，讓自己與同類網紅區別開來，從而在變現時減少粉絲的心理阻礙。

網紅的包裝可以分為以下幾類：

· 形象包裝。即透過形象設計來包裝網紅，讓用戶在看到時有眼前一亮的感覺。

· 話題包裝。依靠引爆焦點的話題來聚焦粉絲，獲得關注。

· 前不久，「四大天王」之一的郭富城與一位網紅模特兒結婚的消息吸引了網友的注意力。隨後該網紅在網路上發布了一條購物連結，成功地把網友的關注焦點吸引過去，輕鬆實現了粉絲變現。

· 內容包裝。依靠極具創造力的內容來吸引粉絲關注。

無論採用上述哪種方式，包裝能力在網紅變現環節所發揮的積極作用都不能忽視，在工作、活動中的包裝意識是網紅變現能力中不可或缺的。

樹立積極的公眾形象

有位網紅小 a 實現變現的背後，是他們的身分裡除了為「網拍老闆」的身分之外，仍然兼具著積極的公眾形象。

　　小 a 曾是醫院急診室女醫生。憑藉醫學知識分享、調侃業界，還不乏爆料八掛，其憑藉幽默、犀利、大膽的語言風格顛覆了正襟危坐的「白袍」形象，在網路迅速走紅，粉絲數量超過 307 萬。2013 年 6 月小 a 突然宣布「裸辭」，離開醫院急診室醫生位置後，她的粉絲不減反增，讚譽聲不斷。之後她開起了網拍店鋪，月營業額輕鬆超過 70 萬。2015 年小 a 的診所開業，她的正式新頭銜也變成了綜合門診中心 CEO。

　　正是由於這些網紅對公共事務進行著持續的發言，使他們能夠在網路上保持相當的人氣。因為有著對他們的價值觀的認可和信任，粉絲們才會選擇購買他們的商品。這同樣是網紅變現能力中的一種典型性能力。

了解粉絲喜好

　　了解粉絲喜好對於網紅實現變現很有幫助，這就是我們常說的「審美主見」。網紅對於網友喜好的傾向要有明確認知，這樣在進行變現時，網紅就能夠提供符合粉絲喜好的商品或服務來促使變現行為的生成。比如經營網拍店鋪的網紅當需要在 10 件產品中挑選出一部分來進行改造，並交給工廠大量生產時，網紅必須要具有上述我們所說的「審美主見」。如果不能分辨哪種產品更加符合粉絲喜好，當產品推出後，其變現效果將大打折扣。

　　粉絲喜好的相關資訊需要網紅在日積月累的與粉絲的互動過程中去發現。在互動中，網紅可以採用引導的方式，讓粉絲自己說出來；也可以透過設置問卷調查的方式來獲得。線上直播裡這種方式最為普遍，網紅經常會提出具有兩個選項的問題，比如「你們喜歡紅色的衣服還是藍色的衣服」，然後讓粉絲透過留言不同的數字來獲得訊息的反饋，比如「如果喜歡紅色就打『1』，如果喜歡藍色就打『2』」。這樣的調查有助於幫助網紅獲得與粉絲喜好相關的資訊內容。

　　具備較強變現能力的網紅在網紅經濟裡具有較強的生存保障，「超級網紅」總是比其他人「活」得更久，「紅」得更久，很大一部分原因在於他們擁有超越其他網紅的變現能力。因此，修練變現能力使其變為一種持久的商業能力才是網紅經濟中的長久生存之道。

第四章

超級網紅修練課程（二）

隨著網紅經濟的規模化與商業化發展，網紅早已「不是一個人在戰鬥」。在產業鏈裡，網紅與其背後的營運團隊捆綁成為一體，目的就在於透過內容的輸出來獲得粉絲的變現。而這取決於網紅團隊對「網紅」這個「真人化品牌」的營運能力。本章我們就來開啟超級網紅修練課程中的網紅品牌營運篇。

瞄準粉絲需求的精準定位

如果把「網紅」看成一種「真人化品牌」，那麼對於這個「品牌」的定位與營運首先要取決於粉絲需求。如今的「網紅」和從前的網紅差別很大，後者的成名有很大的偶然性。他們中有的是因為新聞事件引發關注，有的是作為公共意見領袖而成名。尤其在 BBS 時代，網紅基本都有著出色的個人魅力，他們往往文采出眾，經常與網友交流、和對手論戰，久而久之就在江湖成名。即便是不走尋常路的網紅，也都有著鮮明的個性，辨識起來非常容易。那時的網紅還有一個特點，就是雖然也擁有大量的粉絲，但與粉絲之間卻沒有直接的利益往來。而如今的「網紅」從出現那一刻開始就有著明確的目的性，這一目的就是從粉絲身上實現變現。因為存在這樣的利益需求，所以新一代網紅的營運打法必須專業、高級。

在網紅營運層面，首先要解決的問題是了解「粉絲是誰」以及「粉絲想要什麼」。

粉絲是誰

要想定位粉絲的需求，首先要區分粉絲類別，也就是了解網紅的粉絲是誰。粉絲類別的劃分方式有很多，根據不同標準可以進行不同的分類，比如依據年齡、性別、文化程度、產業（職業）、收入、區域、語言、使用資源類別、關注內容等。對於網紅來說，最有實用價值的分類一般包括年齡、收入結構與關注內容等類別。

如果把網友按年齡劃分，我們可以看到：

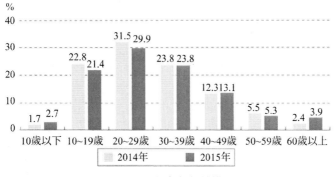

圖 4-1　網友年齡結構

根據調查數據顯示：截至 2015 年 12 月，網友以 10 至 39 歲為主，占整體的 75.1%。其中，20 至 29 歲的網友占比最高，達 29.9%，10 至 19 歲、30 至 39 歲占比分別為 21.4%、23.8%。從這一數據可以看出，網紅鎖定的粉絲應是 10 至 39 歲的用戶。

如果把網友按收入等級來劃分，我們可以看到：

根據調查數據顯示：截至 2015 年 12 月，月收入在 10,001 至 15,000 元、15,001 至 25,000 元的網友所占比重較高，分別為 18.4% 和 23.4%。對比 2014 年的數據可以看出，隨著社會經濟的發展，網友的收入水準也逐步增長，收入在 15,000 元以上的網友占比提升了 5.4 個百分點。這一數據對網紅來說尤為重要，顯然，月收入在 10,000 至 25,000 元的粉絲將在網紅粉絲中占據多數。這一數據可以幫助網紅對粉絲變現的綜合能力有所預判。

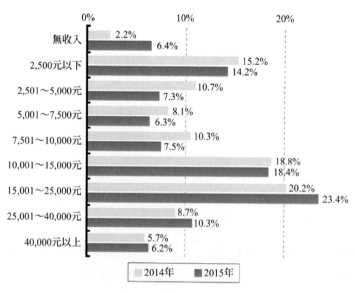

圖 4-2　網友個人月收入結構

如果把網友按其關注內容的類別來劃分，我們可以看到：

表 4-1　網友關注內容的類別

應用	2015 年		2014 年		全年增長率
	用戶規模（萬）	網友使用率	用戶規模（萬）	網友使用率	
即時通訊	62,408	90.7%	58,776	90.6%	6.2%
搜索引擎	56,623	82.3%	52,223	80.5%	8.4%
網路新聞	56,440	82.0%	51,894	80.0%	8.8%
網路影片	50,391	73.2%	43,298	66.7%	16.4%
網路音樂	50,137	72.8%	47,807	73.7%	4.9%
線上支付	41,618	60.5%	30,431	46.9%	36.8%
網路購物	41,325	60.0%	36,142	55.7%	14.3%
網路遊戲	39,148	56.9%	36,585	56.4%	7.0%
網路銀行	33,639	48.9%	28,214	43.5%	19.2%
網路文學	29,674	43.1%	29,385	45.3%	1.0%
旅行預訂	25,955	37.7%	22,173	34.2%	17.1%
電子郵件	25,847	37.6%	25,178	38.8%	2.7%
團購	18,022	26.2%	17,267	26.6%	4.4%
論壇／bbs	11,901	17.3%	12,908	19.9%	－ 7.8%
網路理財	9,026	13.1%	7,849	12.1%	15.0%
網路投資股票或基金	5,892	8.6%	3,819	5.9%	54.3%
社交應用	53,001	77.0%	－	－	－
線上教育	11,014	16.0%	－	－	－
線上醫療	15,211	22.1%	－	－	－

根據調查數據顯示，網路影片、網路音樂、網路遊戲、網路購物以及社交應用的使用人群數與使用率均呈上升趨勢，這也為網紅鎖定粉絲提供了方向。

透過對上述的一些數據的綜合分析，再考慮到網紅自身的特點，想要圈定目標粉絲其實並不困難。當你知道粉絲是誰的時候，接下來就要去分析粉絲的需求了，這才是網紅品牌營運的原點。

粉絲想要什麼

想要了解粉絲的需求，你首先要明白粉絲需求是如何產生的。要了解這一點，我們可以透過著名的馬斯洛需求理論來實現。

馬斯洛需求理論闡述了人的需求來源，即生理需求、安全需求、社交需求、尊重需求和自我實現需求。

人最基本的生理需求包含衣食住行，若無法滿足，則人無法生存。隨之產生的是安全需求，即希望生活有所保障，在上述兩個需求得到滿足後個體會產生友誼、愛情、親情等各種感情訴求，也渴望成為社會的一部分，因此社交需求應運而生，網紅經濟的流轉動力依靠的其實就是粉絲的這部分需求。隨後希望被人尊重，得到認可和讚賞，名譽、聲望和地位的尊重需求就會出現，然而這種需求在現實中很少得到充分滿足。最後

自我實現是最高層次的需求，即實現個人抱負、理想、價值的需要。

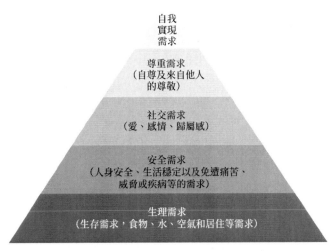

圖 4-3　馬斯洛需求理論圖例

　　從網紅品牌營運的層面來看，網紅的出現主要是為了滿足粉絲的社交需求，同時如果能夠部分滿足粉絲的尊重需求或自我實現需求，那麼將是最為成功的。我們首先來分析社交需求，如果把網路用戶的社交需求進行分類，大致有以下幾種：

- 尋找興趣相投的人。透過網路社交實現興趣匯聚，獲得心理滿足。

- 尋找心靈寄託的人。透過網路社交實現心理慰藉，獲得心理平衡。

· 尋找新奇刺激的人。透過網路社交滿足好奇心理，獲得心理快感。

上述這些社交需求發出的強烈程度各不相同，得到滿足的難易程度也有所區別，比如用戶找相同興趣的社交需求程度非常強。

由於興趣分類的群組目前在許多社交平臺上都已經發展成熟，因此透過相同興趣愛好的方式來聚合粉絲並不困難。以線上直播為例，球賽直播間必然會聚集喜愛球類運動的粉絲，而德州撲克直播間則會吸引德州撲克的愛好者。透過這種方式「吸粉」往往最快、最有效。

心靈寄託需求由於具有隱性特徵，因此在社交初期並不容易被發現，它常常隱藏在較為明顯的其他社交需求背後。對心靈寄託需求的挖掘則需要一段較長的時間，在反覆的互動溝通中才能實現。然而，滿足粉絲此種需求的好處是，粉絲會因此對網紅產生較高的忠誠度，極利於今後的變現。

新奇刺激需求是網路速食文化背景下產生的需求類別，滿足此種需求的難度雖然不大，但對網紅來說粉絲聚合效果並不佳。由於缺乏情感共識與共同的價值觀基礎，粉絲的凝聚力不會很強，除了不理智的衝動消費可能帶來的變現外，對網紅品牌的長期營運並不能有促進作用。

相比於社交需求，對粉絲的尊重需求與自我實現需求的滿

足相對困難得多，它需要網紅在與粉絲的互動裡具備溝通的敏感度與情感的投入度，運用溝通技巧來實現。例如，線上直播時面對粉絲的提問、觀點等發言，如果不能及時做出回應，其實就喪失了滿足用戶尊重需求與自我價值實現需求的機會。

綜上所述，進行粉絲需求的精準分析是網紅營運的首要環節，只有解決了需求問題，在接下來的內容輸出上你才能做到因地制宜，有的放矢。

實現給粉絲的內容產品化

圍繞用戶需求，你就可以進入打造內容的環節，在內容形式上可以表現為影片、文字、圖片、動畫等。內容對於網紅的重要性在前文我們已經多次談到，在這裡需要著重指出的是：專業網紅帶給粉絲的內容一定要具有產品化特徵，即實現內容產品化。

內容產品化優勢

「內容產品化」即「用產品思維來進行內容的生產」。由於網紅產業競爭程度的加劇，同質化網紅對粉絲的影響程度正在呈現下降趨勢，許多網紅發現他們所輸出的內容引起粉絲興趣的程度正在降低。這種興趣的降低有內容本身的原因，但更重要

的是同質化、碎片化的內容過多，從而導致內容在傳播過程裡效果喪失過快，從而降低了粉絲對網紅個性形象的識別度。

因此，只有讓內容產品化才能有效避免上述情況的出現。這是因為內容產品化具有以下優勢：

首先，內容產品化能夠幫助網紅展現個性化特徵，在粉絲心中建立起較完整的網紅形象。

其次，內容產品化能為網紅帶來高清晰識別度。網紅在形象上的識別度如今已經變得模糊，透過內容獲得識別度正在被廣泛應用。當內容產品化後，網紅同質化的困擾被打破，被貼上標籤的內容很容易被粉絲識別。例如，只要一提到「吐槽短影片」，大家都會聯想到心中的某位網紅，這就是內容產品化發揮的作用。它輕易地讓用戶能夠從內容的海洋裡找到你。

最後，內容產品化有利於營運、傳播、更新與管理。內容產品化意味著內容以產品的形式呈現，那麼它必將兼具產品的一系列特徵，如系列特徵、複製特徵等。因此在進行營運傳播時，產品化內容比之普通內容更容易駕馭與管理，加之因具備產品化的統一特徵，產品化內容很容易自成系列，形成內容的系列化傳播，其衝擊力與影響力也更大。同時在內容創造層面，內容產品化的複製特徵更有助於內容的生成，好處在於能夠讓網紅持續不斷地實施內容輸出。

如果能夠把內容產品化，網紅在進行傳播時就會具有可識

別優勢，也會自然而然地產生「個性化光環」，同時這樣做還有助於在營運過程中的內容更新與管理。

內容產品化特徵

一位網路影音公司總裁曾在接受採訪時表示：「未來內容將逐漸產品化，一個內容不再只是用眼睛來看，它將會從更多的方向去影響用戶。」

首先，產品化內容能夠對用戶產生反覆影響。既然是產品化的內容，那麼其最大特徵就是系列化，內容會以系列的形式持續不斷地輸出。在營運層面，對內容輸出節奏的掌控能夠使內容對用戶產生此起彼伏的衝擊，從而使內容的影響力反覆呈現，達到疊加效果。

其次，產品化內容能夠在用戶心中生成個性化標籤。產品化的內容由於形式、呈現方式的高度統一，極易在粉絲心中生成個性化標籤。例如，特定部落客發布的文章由於具有產品化特性，使粉絲在跟進閱讀中僅僅只是看到標題就會產生標籤投影，在心中調取該部落客的個性化形象加以印對，其傳播被大多數粉絲心中先入為主的印象占據，效果自然非常好。

最後，產品化內容具有高度一致性。這種高度一致性表現在呈現形式、包裝設計、傳播通路、發布時機等元素的高度統一。儘管「內容」產品的核心依舊是資訊，但在經過整體包裝

後，不同內容的資訊仍然能夠以「一致性」的形式呈現，這就是內容產品化的最大特徵。

同時，你還必須注意，既然是內容的產品化，那麼就說明這個產品已經是一個可提供給用戶的成品，因此它一定是可營運、可傳播、可更新的。

內容產品化設計

內容產品化設計首先要參考用戶的需求和接受程度。在設計時通常要考慮三個角度：第一個角度是獨立的內容產品元素，主要包括文字、聲音和圖像等，這些元素構成內容產品的創作素材；第二個角度是內容作品的邏輯關係，也就是我們常說的「創意」，它是內容產品的核心價值所在；第三個角度則是內容產品的集成系列，也就是圍繞內容產品的核心價值所生產的一系列內容產品，這些內容產品聚合在一起形成網紅的產品價值鏈。

上述三個角度滿足的是營運中不同階段的需求。在內容輸出的初期，營運圍繞盡一切努力促進內容的被消費。這一階段傳播的目的是盡可能快速地獲得粉絲關注，達成粉絲的聚合。因此，在內容產品化設計的第一與第二個角度所花費的精力要更多，比如絞盡腦汁地出產一篇成功的搞笑文案，或精心打造一個成功的短影片。

在內容輸出的後期階段，營運則要圍繞為網紅建立粉絲對其的識別度和信任感。在這一階段，需要以一系列長期、持續的內容為載體，來實現營運的目標。因此，在內容產品化設計的第三個角度上就需要花費更多心思。為了做到這一點，你必須要明確了解內容邊界的範圍（什麼能寫，什麼不能寫），並建立起內容的調性定位。這樣做的重要性在於：一旦調性被成功樹立起來，網紅就可以在粉絲心目中牢牢占據一個位置，並進而大大降低今後營運過程中重新建立用戶認知的成本。

其實網紅對內容產品化的營運就是持續關注內容從生產到消費再到流通和傳播的過程，並透過自己撰寫、編輯、加工、社交通路傳播等一系列手段去更好地促進這個過程的發生。在整個過程中，需要持續關注並提升各類和內容相關的數據，如內容數量、內容瀏覽量、內容互動數、內容傳播數等。最後要提到的是，打造「超級網紅」所考慮的重點在於最大化地吸引更多的粉絲，但如果你的團隊與資源並不足以支持完成這一目標，那你可以先從細分領域做起，如選定某個興趣圈子作為開始。

團隊合作的重要性

當下的網紅有這樣一個共性化特點：具備才藝但卻不具備商業化運作能力。因此，小型的營運在網紅初期還能運轉，

但當網紅隨著知名度的提升、粉絲的擴大，其商業價值顯現的時候，這種小型的營運明顯不能適應市場化、商業化的需求。此時，網紅就必須尋求他人的幫助，要麼搭乘社會化協作的便車，與培訓公司合作，被產業鏈上游的經紀公司或培訓公司簽約包裝；要麼自建團隊，深度化營運，這是目前網紅商業化運作的主要方式。

合作模式

網紅與培訓公司的合作模式現在被廣泛應用。最常見的合作方式是在電商平臺的營運方面，網紅負責流量導入與產品展示，而培訓公司則負責銷售、客服、售後等一系列工作。許多在電商平臺上開店多年的老店都轉型做了網紅培訓公司。

「小依」是一位電商平臺上的「網紅」，她利用網紅身分開服裝店沒多久，每個月的店鋪「營收」就有幾十萬元。

模特兒出身的「小依」同樣以容貌、形象來吸引粉絲。據她自己介紹：「原來沒想要開店，後來看好多人都這樣做了，而且生意很好，也就開始向電商轉過去了。」

由於模特兒的身分，「小依」原本就有 100 多萬的粉絲。她說去年，有一家專門做「電商」的公司找到她想與她合作，對方提供初期費用，負責材料製作，根據打版提供成衣、供貨、發貨、客服、售後等，「小依」主要負責拍照、修圖、選款式、下

單就可以了。在進行考察後，「小依」開始和這家電商合作。

「小依」說這家電商是專門在與網紅合作的，可以幫「網紅」營運，代管店鋪。「小依」並不懂粉絲經濟，但是合作的電商會提供她關於如何「吸粉」的建議，如告訴她如何與粉絲溝通等。

同時，這家公司給她的數據還能讓她知道自己的「粉絲」年齡構成。根據這些數據和建議，「小依」不斷完善自己的社群平臺。

在電商平臺上，這種「網紅」與「培訓公司」的合作屢見不鮮。一般情況下網紅與培訓公司合作，公司會提供一個「五臟俱全」的幕後團隊圍繞網紅展開工作，產品篩選、拍照、電商交易流程、配貨、數據監控、數據分析等一系列相關工作都要由網紅與團隊成員分工完成。

在這種合作模式下，網紅的工作相對輕鬆，除了每天必須的內容輸出與粉絲互動外，就是與產品相關的拍照、定品等，網紅個人介入商業運作的程度並不深。

簽約模式

除了合作模式外，網紅深度營運的另一個模式就是簽約。目前，在網紅經濟產業鏈上游，有許多以培育、包裝網紅為主要業務的經紀公司。簽約與合作的區別在於，合作模式下網紅的自主性會更高些，僅僅在產品銷售環節介入了培訓公司營運

流程，而在內容輸出與粉絲互動環節仍然可以自主實施。

　　簽約模式下，網紅的自主性就會被削弱，更具商業化的經紀公司會從網紅的形象包裝、內容包裝、互動方式、輸出通路等各個層面來實施專業策劃，以期獲得更好的傳播效果與商業效果。為了實現這一目的，經紀公司為網紅所配備的團隊規模會更大，所負責的工作範圍也更大，如化妝、拍攝、文案策劃、產品製作、商業接洽等。更為重要的是，當涉及商業運作範疇時，經紀公司會以網紅代言人的角色代表網紅進行諸如合作、商演活動等的洽談與簽約。

　　簽約模式下，經紀公司所關注的不僅僅是電商的問題，因為那僅僅是電商思維的運作模式。經紀公司往往更具有社會化行銷思維，運作的目的是吸引更多的粉絲。因此在經紀公司，優先度最高的往往是網紅所輸出的內容。因此，一般經紀公司都會為網紅配備一個專業的文案，網紅自己寫出的內容通常有感而發，而專業的文案則能從傳播推廣的角度把內容潤飾得更吸引人。此外，攝影與剪輯的重要性也尤為突出，影片中畫面表現出來的質感和故事性是否符合網紅氣質，是否有精品素養都是經紀公司所追求的，同時由於影片剪輯出來的效果代表了粉絲看到的網紅形象，因此也格外受到重視。

　　對於網紅與粉絲互動的節奏，經紀公司也會有相應的策略，比如初期不能與用戶接觸太近，先做好包裝、宣傳等；中

期必須要呈現出踏實努力的形象，讓用戶看到努力的過程，以此增加粉絲對網紅的好感度；後期由於已經是運作的成熟期，要拉近網紅與粉絲的距離，此時網紅的表現就要平易近人。

在曝光形式上，經紀公司並不一定依賴照片模式的曝光策略。這是因為由於修圖的風行，照片的可信度正在降低，同時，在影片用戶越來越多的當下，動態的影片模式正在成為網紅展現自我的主流形式。考慮到這些因素，經紀公司也可能會考慮採用動態的影片模式的曝光方式。

上文我們談了經紀公司與網紅合作的基本情況。在這種簽約模式下，網紅需要聽從經紀公司的指令，並有許多規則與條款的約束，好處則在於，在經紀公司的運作下，網紅的知名度與身價上升的潛力較大，網紅的價值可塑性較強，所獲收益的增長幅度也會較大。

自建團隊模式

隨著網紅經濟的發展，未來網紅將呈影片化、專業化、多平臺化、多元化的趨勢發展，因此網紅也可以透過自己建立團隊的模式來適應發展的需求。

小嬌的網紅生活從 2013 年開始，她第一次使用 FB，便開始聚集人氣，目前已累積粉絲 48 萬。小嬌的電商店鋪至今累計收藏的粉絲數量接近 420 萬。2015 年小嬌的店鋪銷售額達上

億元，同比提升將近 33%。小嬌坦言，這一切的功勞都歸功於團隊。這家擁有 100 多名員工的公司是小嬌自己成立的，經過幾年的發展，已經具有相當的規模，產品選款的範圍延伸到韓國、香港乃至全球範圍。

在產品設計上，如果需要在兩件不同衣服中選擇，小嬌會先分別試穿，讓營運團隊做初期的判斷。隨後，設計師會根據大家的意見，結合店鋪的風格進行細節修改。於上新品的準備工作中，拍攝會被嚴格對待，需要花費近三分之一的時間，因為呈現的效果直接影響到後期新品的營運節奏和產品銷量。通常，公司會花 5 天的時間來拍攝一期的產品，拍攝地點會根據具體的情況來判斷是否需要出國。最常去的是韓國和香港，加上選款的次數，最多一年去 40 多次。一般，公司會將拍攝地選擇在新開的咖啡館、商城，如果是國外，則需要提前做好攻略。一個單品通常需要搭配不同的單品，在不同的場景進行拍攝。

拍攝結束後，需要從海量的照片中選擇可用的照片，美工再進行修圖，通常需要花費 5 天左右。即便如此精挑細選，每期上新品，都會出現一款或幾款因圖片沒有達到預期效果而延遲發布。

目前，與小嬌公司合作的工廠大概有幾十家，隨著店鋪的發展，合作的工廠也出現了產品和生產效率上的相互競爭，而

跟不上節奏的工廠就自然被淘汰了。如今，有近 3 家工廠已將全部生產力專供於小嬌公司一家的訂單。

除了產品方面的工作，公司還有專門的人員負責將社交平臺上的留言歸類，並透過外部通路的訊息來收集顧客反饋，這些反饋訊息都成為日後設計部綜合選款的判斷依據。

「我不會讓員工身兼數職，因為這樣他們就失去了思考的時間，而且工作會很沒有效率。」在小嬌看來，雖然公司走的是「網紅」的模式，但是團隊的組織架構必須完善，各個部門的職位都有專職的人去做自己擅長的事情，盡量讓部門之間的配合高效率。

上面的案例就是網紅自建團隊進行商業化營運的典型案例。網紅自建團隊的優勢在於具有完全的自主性與操作性，在利益分成方面也具有主動權。然而，自建團隊對網紅提出的要求也非常高，首先網紅要具備相當的商業運作能力與敏銳的商業嗅覺，其次對團隊架構、團隊管理、公司營運等方面也要有所了解，而且自建團隊的運作週期普遍較長，最重要的是自建團隊需要網紅自己出資投入。因此，在考慮採用此種模式前，你需要在衡量手中資源的前提下，對自建團隊的困難程度做到心中有數。

在網紅經濟裡，內容生產、粉絲營運、供應鏈、電商變現等各個環節，都需要不同領域的人才共同完成。因此，當事

業發展到一定規模後，積極尋找團隊支撐是必須要走的「一步棋」，合理化地運用團隊力量將幫助你進階超級網紅。

善用媒體組合矩陣

媒體，特別是網路媒體是網紅曝光的主戰場，因此網紅產業對媒體的依賴程度遠勝於其他產業。一個有經驗的網紅不僅要懂得如何利用媒體來「秀」自己，更要懂得善用不同類型的媒體組合矩陣，只有這樣才能發揮媒體的最大功效，讓傳播覆蓋到更廣闊的領域。

媒體矩陣組合的分類

對媒體組合矩陣的運用能夠使網紅在不同平臺實現同步曝光，進而引發「馬太效應」（係指社會中出現一種強者愈強、弱者愈弱或者富者愈富、窮者愈窮的現象），令網紅的知名度呈幾何倍數增長。超級網紅的初步成功可能來源於某一個媒體平臺的聚焦效應，但其知名度的爆發式增長往往是透過媒體組合矩陣來實現的。

我們所說的媒體矩陣不僅包含社交平臺，同時也包含其他功能性媒體平臺。如果對這些媒體類型進行分類，我們可以把媒體矩陣劃分為：

- 網路媒體。網路媒體又包含傳統網路媒體與新媒體。傳統網路媒體包括電商平臺、搜尋引擎、論壇等;新媒體則包含 FB、IG 等社交平臺、直播平臺、短影片平臺、APP 等。

- 平面媒體。平面媒體包含報紙、雜誌等傳統平面媒體與戶外廣告形式的廣告媒體。

- 電視媒體。電視媒體則包含傳統電影影片頻道、行動電視媒體等。

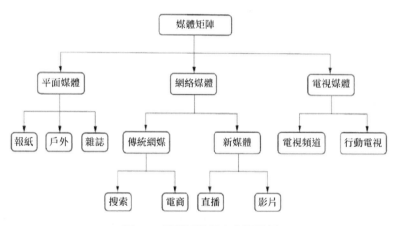

圖 4-6 媒體矩陣組合分類圖例

　　對上述媒體矩陣的組合運用是網紅搶占更多粉絲資源的一大法寶。在網紅的品牌化營運層面,應該去思考如何構建媒體矩陣組合,尤其是其中的新媒體組合。同時對傳統媒體資源,也應盡量發揮其優勢,為網紅的曝光宣傳創造更多機會。

媒體矩陣組合的運用

網紅在運用媒體矩陣時，首先要考慮媒體特性與網紅自身特徵的匹配程度，只有做到這一點才能最大限度地發揮媒體矩陣的作用。例如，一個依靠文字魅力獲得粉絲青睞的網紅更加適合圖文形式的社交平臺，而一個能說會道、具備語言魅力的網紅則更適合形象展示類的社交平臺。從那些獲得巨大成功的網紅身上我們能夠看到，他們對媒體矩陣的使用很有技巧。

網紅運用媒體矩陣時還要考慮媒體優勢的互補。由於媒體平臺的受眾存在差異，因此網紅在內容輸出時就要考慮運用不同類型的媒體來擴大傳播的覆蓋區域，讓盡可能多的用戶收看到網紅所發布的內容。

無論如何，隨著網紅經濟的不斷發展，網紅的生存已經完全依賴於媒體尤其是網路媒體。隨著網路環境的變化，新媒體的崛起，新一代網紅對新媒體平臺的依賴程度與日俱增。在這種客觀情況下，網紅要進階，要持續性發展，必須緊盯用戶需求的實現路徑，構建符合自身定位的媒體矩陣平臺，這其中尤其要重視自媒體、粉絲群和電商的平臺聯動。

第五章

超級網紅修練課程（三）

在網紅經濟裡，變現一直是其中的核心話題。網紅經濟從誕生到發展成為今天的規模，是依靠網紅的變現來促進產業鏈上各個環節生生不息地循環運轉的。因此我們可以把變現看作網紅經濟這輛列車的核心動力，同時它也是網紅個人生存的動力。

對於大多數網紅來說，變現的方式並不多，集中體現在廣告、電商與贊助三條路徑。本章我們就對此進行重點的探討。

廣告的高效致富途徑

在網紅圈中，廣告變現被普遍認為是比較高級的變現模式。這種變現模式非常簡單，這是因為雙方採用的是直接合作的模式，而廣告的價格往往是參照網紅的形象、知名度與粉絲數。

其實，廣告的變現方式在國外網紅經濟裡早已被廣泛應用。

美國網紅經濟更多依靠廣告變現。美國有一種新型的廣告模式 Influencer-Based-Advertisement，可以讓大品牌透過新型廣告公司去接觸目標網紅，然後透過網紅實現廣告的發送。在歐洲流行一種時尚部落客網紅，就是網紅開設自己的部落格，然後利用自己的人氣增加部落格的影響力，這種形式類似於自媒體。歐洲這類網紅的經營模式是一旦部落客人氣累積到一定程度，他們就會得到一些商家的贊助，以廣告或參加活動的方式

來獲得收益。這裡面的邏輯是品牌商希望透過網紅影響到他們的粉絲，以達到宣傳品牌或產品的目的。

其他國家網紅在廣告變現上的案例也有很多。

粉絲數超過 154 萬的時尚網紅「小熙」就透過把廣告植入文章內容來實現變現。她的廣告植入一般是根據照片數量、文案廣告的程度、是否帶連結等不同情況，對應不同的廣告價格，一般每條廣告的價格在 20 萬至 35 萬元。

網紅的廣告變現方式大多是依靠將廣告植入所輸出的內容中來實現的，因為廣告容易使粉絲產生牴觸情緒，因此在內容中植入廣告一般都會採取比較「隱性」的方式。

粉絲數量為 1,164 萬的網紅「小謙」已經建立了成熟的廣告變現體系，由於其粉絲活躍度遠超其他人，因此他發布的長圖文廣告類文章的轉發數經常能突破 10 萬，點閱量高達千萬。然而為了弱化廣告帶給粉絲的負面體驗，小謙採用的是隱性的廣告植入的方式，透過話題、文案，內容以自嘲、無厘頭惡搞為主，常常在敘述自身經歷、和親友奇葩互動的時候帶出廣告，效果斐然。小謙的這種獨特的廣告呈現方式反而得到了大批粉絲的喜愛，廣告效果自然超乎想像。

有數據顯示，在廣告報價上，小謙的廣告價格是 100 萬元一條。其中，廣告發布的大致頻率為一週 2 至 3 個廣告。由此可見，廣告收入已經成為小謙的重要收入來源之一，可以說作

為超級網紅，他的廣告變現非常成功。

還有一類網紅，透過自身對粉絲的高黏著度優勢，在社交平臺直接透過「顯性」方式來發布廣告，也能有不錯的效果。

被稱為「宇宙網紅」的英國劍橋大學著名物理學家史蒂芬‧威廉‧霍金（Stephen William Hawking，簡稱霍金）在開通部落格後僅一個月便「吸粉」380 萬，他發出的第一條問候網友的文章已經被評論了 41 萬次，轉發 40 萬次。當這個對於大部分人來說只出現在教科書和科幻片裡的科學家，第一次出現在部落格的時候，造成網友們轟動，不少網友表示他的出現拉高了部落格用戶的平均智商，並且很榮幸能和霍金有「宇宙級的對話」。因此，霍金也被網友們親切地稱為「宇宙網紅」。

然而誰也沒有想到的是，隨之而來的便是他發布的第一條廣告。雖然霍金的部落格由霍金團隊以及社交媒體公司 Stradella Road 共同管理維護，但是部落格簡介處有說明，只要是帶有 SH 落款字樣的內容，均來自於霍金教授本人，因此這條廣告出處無疑是霍金教授自己。這條廣告內容直白，絲毫沒有掩飾的意思，不禁讓人慨嘆，如果有哪個名人打廣告能不讓大家厭煩，甚至是爭先恐後地評論轉發，則非霍金莫屬了。

這條來自汽車品牌 Jaguar 捷豹的廣告，一經發布就引來了粉絲的聚眾圍觀。對於霍金發布廣告的行為，粉絲們一點兒也不介意，反而饒有興致地參與了評論。在這裡我們摘錄一些粉

絲的留言：

史上最具科學性的廣告

聚集完人氣，網紅開始變現了

我認認真真地當閱讀理解看到了最後，結局猝不及防，頭一次這麼認真地讀廣告

這個廣告打得我猝不及防

霍金老師打的廣告太硬無法反駁

綜觀這條廣告發布後網友的反應，可以看到為廣告點讚的，有表示驚嘆的，霍金收獲了幾乎一邊倒的好評，這篇發文也很快引來近兩萬條的轉發與留言。實際上，具有影響力的人物的部落格並不少見，他們也大都已經商業化，可是像霍金這樣透過一條廣告就能引來多家媒體密集式的曝光卻並不多見。這條廣告的傳播早已超出部落格的範疇，讓人不得不欽佩霍金教授身上強大的粉絲聚合力與粉絲黏著度。

網紅廣告變現在網紅經濟裡是一種高級變現模式，它類似於明星廣告、明星代言的形式，對網紅的知名度、影響力與粉絲數要求比較高，中小網紅一般不具備承接廣告的能力。因此，如果希望透過這種模式進行變現，你就必須練好內功，從提升輸出內容品質、提升粉絲數量級別、提升自身形象魅力、提升自我商業價值這幾個層面來實現網紅進階，為自己開闢廣告變現通路。

電商的普及致富途徑

　　網紅經濟的初期，變現是十分困難的，那時候的網紅主要依靠商業公司的包裝，透過商業演出、活動來變現，因此能夠實現變現的網紅並不多。隨著電子商務平臺的興起，電商模式在短短幾年內改變了人們傳統的消費觀。隨著電商平臺的發展，支付保障體系的逐步完善，電商活動已經深處人心，與生活實現了無縫對接，網紅新的變現通路就此開啟。

　　從 2014 年開始，網紅店鋪在電商平臺迅速崛起。有資料顯示，2014 年「雙 11」活動，銷量排名前十位的女裝店鋪中，網紅店鋪占到 7 席，表現絲毫不亞於一些知名服飾品牌；在 2015 年電商大型促銷活動中，銷量前十位的女裝店鋪中也有 7 家是「網紅」店鋪。這些數據無不證明，電商已經成為網紅變現的普及之路，透過這條路，網紅找到了自己的商業價值。

　　網紅透過電商平臺實現變現的基本邏輯是：網紅們在社交平臺首先實現粉絲聚合，在擁有一定數量的粉絲後，透過發布購物推薦和連結將粉絲引流到自己的電商店鋪裡，從而實現變現。目前網紅的電商店鋪主要有兩種模式：一種是合作模式，即具備一定知名度的網紅和已經成熟的電商店鋪合作，透過網紅引流入店，讓店鋪提升銷售，同時網紅獲得一定比例的銷售分成；另一種是自營模式，從選款、搭配到設計、成品，各個供應鏈環節都由網紅自己經營。

合作模式

大多數網紅與電商結緣都是從合作模式開始的。合作模式還可以分為「網紅＋培訓公司＋產品」組成的以直接賣貨為主導思想的普通電商銷售模式，以及打造網紅品牌產品的特色電商銷售模式。普通電商銷售模式一般是網紅負責引流、產品拍照，其他環節由培訓公司完成，然後網紅與培訓公司分享利潤。

小影是一名專門做電商店鋪產品展示的模特兒型網紅，早在大學時代，小影因為長相就吸引了一批粉絲，透過在個人社交平臺上發布一些個人生活動態，一下子聚集了龐大的粉絲。目前她的粉絲有 40 多萬。隨著粉絲量的不斷壯大，小影與電商公司的合作也從起初的拍平面廣告到利用個人社交平臺參與銷售推廣，獲得銷售分成。

其實小影這樣的網紅與電商合作者並非個案。很多網紅在網路上或者是穿衣達人，或者是化妝達人……他們或多或少地擁有一兩項技能，並擁有一大群粉絲，在參與到電商領域後，他們逐漸擺脫了僅僅依靠拍攝廣告照片獲得收入的單一變現模式。目前，活躍在電商平臺上的一些頂級網紅年收入能夠達到上千萬元。一些不知名的電商公司，透過出讓公司股權或者銷售分成來吸引網紅合作，這些網紅將拍攝好的照片及商品連結發布到個人社交平臺上，就會使產品的銷量迅速上升，有的產品甚至能夠從銷量幾乎為零迅速達到月銷售額數百萬元，可想

而知，這些網紅也因此獲得了豐厚的利潤回報。

　　分析上述這種模式不難看出，這種網紅電商銷售模式的優勢在於引流。網紅可以在短時間內為電商店鋪帶來爆發性的集中流量，這些流量來自成熟的社交平臺，流量成本接近於零。同時，由網紅在社交媒體上親身與買家進行互動，更容易建立買家的信任感，因此流量帶來的轉化率也很高。除去引流優勢，網紅在供需匹配度上發揮的效用也很大。網紅在社交平臺上與粉絲就產品相關內容進行的互動，事實上就是一種市場需求調查的行為。

　　打造網紅品牌產品的特色電商銷售模式一般是網紅與合作方共同開發網紅的特色品牌產品，利用網紅的粉絲聚合能力為產品打下用戶基礎。

　　網紅王大廚一款牛肉醬在電商平臺創出了 10 秒售罄的驚人銷量。在上市後的三天內，該醬料以 5 秒 300 瓶、4 秒 300 瓶、50 秒 3,000 瓶的銷售量屢創奇蹟。至此，這個為網紅王大廚量身打造的品牌成功上市，並一鳴驚人。

　　網紅王大廚頗有名氣，其粉絲量接近 93 萬，他經常在社交平臺上展示自己研製的手工菜，獲得了粉絲的追捧。於是，在培訓公司的策劃下，為王大廚量身定做的品牌孕育而生。在產品上市前，王大廚在其社交平臺晒出自己親手熬製的牛肉醬，並開始在每次熬製完成後，以「隨機抽獎」的形式送給部分粉

絲，配以牛肉醬拌麵、炒菜的圖片，成功吸引了粉絲的關注。讓這種只是一次的簡單「分享」行為，發展成萬人追捧等待送醬的局面。吃過的粉絲紛紛參與互動，「每一筷子都能夾到一大塊牛肉」成了王大廚牛肉醬的特色。

上面的案例就是網紅與培訓公司合作開發網紅品牌的典型案例。這種合作方式，需要網紅的粉絲具有高黏合度，同時，網紅個人特色要鮮明，個人賣點要充分。網紅要具備相當的人格魅力。

目前網紅參與的電商店鋪以時尚女裝居多，同時也包括更多的細分領域，如電子競技、視覺素材、旅遊、母嬰用品等產業。網紅和電商的合作收入目前以銷售分成為主，不同的網紅分成比例也不盡相同，商家會根據網紅的影響力、粉絲轉化率、潛力、風格來考慮分成比例。一般來看，這一比例在銷售額的 10% 至 50%。

自營模式

自營模式的網紅電商店鋪最初並不多見，這是因為電商各個環節的運作均需網紅自己來實施，不僅耗費精力而且承擔的風險較大。然而，隨著一些自營店鋪在電商平臺的成功，越來越多的網紅開始涉足經營環節，經營自己的品牌，管控供應鏈。

網紅小 B 的走紅最早是因為在部落格時代寫專欄，目前共

擁有近 10 萬粉絲。在她的社交平臺上，經常會秀自己的健身美照以及旅行照片。之後她開了自己的電商店鋪，由自己做設計，閨蜜家的服裝工廠生產，在沒有投入任何成本和廣告的情況下，在開店的第二個月就開始賺錢。

不過由於懷孕生寶寶，小 B 暫停了電商店的銷售，「現在偶爾心血來潮上個新品，銷量也不錯」。

大喜和小趙合開了一家服飾網拍。大喜擔任模特兒，小趙是攝影，三年下來，銷量不錯，大喜和小趙的粉絲數加起來不到 30 萬，在網紅中並不算多，但粉絲黏著度極高。由於店鋪內的主要款式都是由大喜親自設計，因此產品帶有強烈的個人風格，頗受粉絲喜歡。

由於國外的品牌發展路徑基本是以創始人名字命名，其風格決定品牌基調，而亞洲的服裝品牌很少有突出的創始人形象。因此，小趙和大喜商議後決定，以突出人物風格的方式來做服裝品牌。

供應鏈是擋在每個網紅面前的一道難題，也是公認的最煩瑣、最心累的環節。店鋪在供應鏈上一直在摸索磨合之中。小趙曾抱怨：「大喜和打版師之間的溝通非常困難，他們很難理解我們要的風格，通常就按照市面上一些一般款式進行打版；其次是生產環節，工期和品質都不能保證，一般的衣服製作過程中存在誤差是正常的，但是對設計師款式來說，差一點可能整

個氣質就變了。」

　　鑑於自己不能掌控供應鏈所造成的偏差，對細節要求嚴苛的大喜店鋪走向了自建供應鏈的模式 —— 設立工廠。目前，這家工廠有 100 多個工人，在淡季時可以滿足店鋪的全部需求。店鋪的核心設計款式放在自己工廠做，普通的搭配款就交給合作工廠，由此，大喜的設計想法可以更好地落實，供應鏈的反應速度也快了許多。從製出樣品衣拍美照，到粉絲評論反饋，隨後挑選受歡迎的款式打版、生產，再正式上架，在布料現成的情況下，這套流程的運作週期只需要一週。

　　自營網紅店鋪具有自己的特點與優勢。電商服飾產業營運總監在談到這一點時認為，電商平臺網紅自營模式的主要競爭力表現在：由於網紅的時尚敏感度高、市場反應快，因此對產品的選款能力較強。

　　傳統服飾企業的運作流程是設計師設計產品、工廠生產、實體店上貨，這一流程商品周轉時間過長。網紅店鋪則採用買手模式，透過線上粉絲評論反饋進一步壓縮挑選款式的時間，在有現成布料的情況下讓粉絲在最短的時間內就能穿上與網紅同款的服飾。這種快速的周轉滿足了年輕消費者衝動消費和感性消費的特質。同時店鋪普遍庫存低，利潤高。最後，由於網紅可攜帶自有流量，並不依賴推廣活動，且粉絲忠誠度高，因此推廣成本很低。

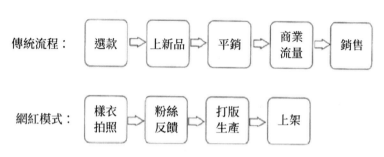

圖 5-7　服飾產業網紅店鋪與傳統店鋪差異化模式圖例

　　目前，越來越多的網紅店鋪開始走獨立化運作的道路，但是在這一過程中必須要注意：如果網紅店鋪把太多焦點集中在網紅個人身上，那麼他吸引的也只能是特定人群，一旦網紅爆出負面新聞，就會直接影響到店鋪經營。因此，網紅在電商店鋪中扮演的角色應該是品牌的靈魂，而產品才是最重要的，只有當產品形成穩定風格，並獲得了用戶的認可，才能長久地立足於市場之中。

贊助的特殊致富途徑

　　隨著新媒體的發展，一些新的功能出現在新媒體上，「贊助」就是其中之一。隨著許多平臺推出了「贊助」機制，贊助也很快成為網紅變現的一個特殊通路。「贊助」成為網路上，遊戲玩家間、主播與觀眾間、原創作者和讀者間非常流行的時髦互動方式。線上在線閱讀平臺、線上直播平臺甚至像 FM 這樣的

音頻分享平臺都相繼開通了贊助功能。

目前擁有 47 萬粉絲的自媒體網紅小七表示，「贊助」是革命性的產品，讓有才華的人能賴其生存。在他的社交平臺上，文章高產，幾乎每天都有更新，內容也涉獵廣泛。其曾就職於多個公司，更為側重網路、電商領域。以他寫的一篇文章為例，發布兩個月內有 10 萬＋的點閱量、1,751 人點讚、791 人贊助。翻看他的文章，一般贊助人數多在三四百人左右。據小七介紹，一般來說，他的一篇文章「贊助」收入在幾千元，如果每天堅持寫作，一個月的收入在十來萬元，比普通領薪階層收入要好得多。

一般線上閱讀平臺網站每周都會公布讀者贊助排行榜，每年更有年度讀者贊助排行榜。以某網站平臺為例，在該網站上 1 元等於 100 代幣。在這些網站上「贊助」的書友以年輕人居多，「贊助」金額從幾十元到幾千元不等。

線上閱讀平臺的贊助機制推出得要早一些，模式也清晰簡單，即只要讀者看中了喜歡的作品，就可以給作者「真金白銀」的賞錢。而「賞錢」由網站和作者按比例分成。

一篇文章能夠滿足讀者的喜好，或者有很強的實用價值，讀者就會贊助作者。一般而言，財經、醫療、彩券分析、文學領域的作者更容易被贊助。

而對於直播平臺，贊助更是家常便飯。直播平臺採用虛擬

禮物的贊助模式，用戶用現金在網站兌換虛擬禮物，然後在直播間內把虛擬禮物送給自己喜歡的主播。

那麼，對於網紅而言，如何才能更多地獲得粉絲的贊助呢？

你要讓別人覺得你是以寫作為生，或者是以直播為生的人。街頭賣藝的人往往會獲得人們的贊助，酒店的服務生也是如此，這是因為在人們的意識裡，街頭賣藝者是靠賣藝為生，而服務生則是固定收入非常少，需要靠小費來作為收入的主要來源。有大量的研究發現，那些覺得服務生固定收入很少的顧客更加傾向於給小費。所以，當別人感覺你是以此為生，以此為重要收入來源的時候，就會主動提供贊助。

贊助的另一種心態是覺得被賞者需要幫助。例如，人們選擇贊助給街邊賣藝的人，其中一個重要的原因是覺得他們需要幫助。而這種幫助別人的行為，會讓人們獲得快樂情緒和積極向上的心理體驗。所以對於你來說，要想辦法激發用戶的幫助心理。這就要求你擺低姿態，給粉絲一種「別看我是網紅，但是我比你們還窮」的感覺。當你讓粉絲能夠在你面前產生優越感的時候，便更容易激發他的幫助心理，從而主動提供贊助。這就是很多主播即使很有錢，仍然在看起來廉價的房間裡直播，並且喊著粉絲「富豪」的原因。

想要獲得更多贊助，你就要讓粉絲們看到贊助後的效果。

這裡面的邏輯是你需要讓幫助你的粉絲們覺得自己扮演了重要角色，從而激發更多粉絲的幫助心理。例如，網紅小咪就曾多次在文章中寫到，多虧了粉絲的幫助，讓自己的廣告轉化率提高。這讓粉絲們感覺到自己的支持行為真正幫助到了小咪，從而不斷增加對她的支持。

另一個獲得贊助的方法是讓粉絲透過贊助可以獲得形象的展示。例如，直播間裡主播總是會不厭其煩地播報贊助粉絲的 ID 及贊助禮物和數量，並表示感謝。這些行為不僅會提升贊助粉絲的好感度，更會對其他粉絲形成感官刺激，促使其他粉絲實施贊助行為。

除了提供虛擬服務外，如果網紅能夠附加提供一些實體服務，那麼同樣能夠獲取更多的贊助。例如，網紅小馬平時發布很多有價值的文章內容，但獲得的贊助並不多。有一次他在文章後附送了一本電子書的下載連結，並且讓大家自願贊助，結果贊助的效果就好得多，這是因為對於用戶而言，電子書更加實體化，與贊助連繫起來會有一種值得去交換的感覺。

如果能夠讓粉絲感覺你在與他們的交互過程中承擔了很大的個人損失，那麼他們就更容易產生負罪感，這種負罪感會增加贊助行為的機率。例如，有的作者會這樣說：「為了寫這篇文章，我周末都沒有去陪家人。」有的女主播會這樣說：「因為整天在網路上陪你們，我的男朋友都離我而去了。」

　　為了增加粉絲的贊助，網紅在語言激勵上也有很多技巧。沒有經驗的網紅往往會這樣求賞：「來給我贊助吧」，這句看似簡單的話其實是給了粉絲一個「到底要不要贊助」的選擇。而對於有經驗的網紅來說，他們會這樣表達：「帥哥美女，你打算贊助多少？」，而這時候粉絲的選擇就變成了「到底要贊助多少錢」，此時贊助變成了一種默認行為。

　　綜上所述，隨著贊助功能的普及，它在網紅變現方式中逐漸占據了重要的地位。由於「贊助」行為的特殊性，它來自於網紅與粉絲的互動過程中，因此不同類型的社交平臺，獲得贊助的難易程度有所不同。直播平臺由於具有即時互動的特性，因此網紅最容易獲得粉絲贊助，而以圖文形式為主的社交平臺獲得贊助更多依賴於網紅輸出內容的品質。

變現的多種組合策略

　　變現能力體現了網紅的級別。普通網紅之所以變現能力有限，主要反映在粉絲數量限制與變現通路的單一化上，而那些超級網紅基於龐大粉絲，往往都採用多通路的變現策略。

　　在富比士發布的 2015 年 YouTube 影片明星收入排行榜上，收入排名第一的謝爾貝里年淨賺 1,200 萬美元。他主要專注於恐怖遊戲和動作遊戲的解說，以錄製和上傳自己玩線上遊戲的過

程和自己反應的影片著稱，憑藉出色又不失搞笑的即興直播風格迅速竄紅。他一般每天會上傳 1 至 2 個短影片，通常都在 15 分鐘以下，單集在 YouTube 的播放量穩定在 200 萬至 400 萬次。2013 年他的頻道粉絲由 350 萬迅速爬升到 1,200 萬，如今已經有超過 4,200 萬名訂閱者。

目前他已發布超過 2,300 個遊戲短影片。幾乎每個被他玩過的遊戲都會紅。憑藉龐大的訂閱用戶量和影片瀏覽量，他每年從 YouTube 拿的分成和從廣告影片中獲得的淨收入也連續攀升，在解說遊戲攻略的同時，謝爾貝格還順便推薦粉絲使用的遊戲道具，甚至手邊的零食，經他推薦的產品大多供不應求。正由於此，他還開設了自己的公司和網拍，開發了自己的遊戲。

上面案例中的這位外國知名網紅透過錄製遊戲影片起家，在累積了大量粉絲後，不僅在 YouTube 平臺上拿到了分成，還透過在遊戲影片中植入廣告獲利，同時他藉助網紅的明星效應也在電商領域與自主品牌研發領域實現了變現。透過運用變現通路的多種組合，這位仁兄登上了「人生巔峰」，成為 2015 年 YouTube 上最賺錢的超級網紅。

在 YouTube 上，著名的美妝達人網紅 Michelle Phan，從定期發送一條長度 3 分鐘的美妝教程開始，激起了線上化妝教程現象。Michelle 的教程引來全球數以百萬計的觀看者。在很短時間內，她就建立起了自己的化妝影片聚合平臺 Ipsy，並推出了

為訂閱顧客專門訂製的美妝禮盒 Glam Bag，顧客只要每個月花很少的錢，就會收到多種不同的化妝品樣品。目前 Glam Bag 美妝樣品訂閱產品每個月訂戶高達 700 萬個。

此外，Michelle Phan 還推出了個人 EM Machelle Phan 化妝品系列，EM 取名於「我的映像」；建立了一個 FAWN 女性電影頻道；推出第一本自傳；並成為全球高級化妝品領軍品牌 Lancome 蘭蔻的代言人，定期在部落格上推出以 Lancome 蘭蔻當季彩妝品為主題的化妝課程和演示。

上面案例中的超級網紅 Michelle Phan 是越南裔美國人，她透過化妝短影片樹立了網紅地位，進而憑藉自主公司、自有品牌產品、商業代言等一系列方式實現多重通路的組合變現，成為當仁不讓的「超級網紅」，她的經歷是網紅多種通路變現的最成功範例。

網紅小鵬從 2011 年讀大學開始，就嘗試在線上做影片，影片風格以搞笑、吐槽類為主。2011 年他因一部影片而紅遍網路。現在，小鵬不僅在短影片領域繼續著穩定的發揮，還以 YP 為個人品牌製作脫口秀節目，並在節目中依靠植入廣告實現變現，比如 2014 年他在節目中植入了一條零食電商廣告，這條廣告為這家店在 20 天內帶來了 26 萬元的收入。小鵬透過多通路變現方式已經把自己打造成為標準的「演藝人」。

網紅小鵬的變現通路聚焦在短影片廣告植入與個人品牌節

目方面，在提升知名度的同時，實現了商業廣告與影視節目的多重變現，其獨特的變現組合方式同樣值得借鑑。

網紅小發被粉絲們戲稱為「電競林志玲」，她的主戰場是線上直播平臺。小發直播範圍很廣 —— 唱歌、遊戲、cosplay 都有涉獵，除了在直播平臺獲得平臺分成與「贊助」獎勵外，她還擁有 4 家網路店鋪，售賣的東西包含了生活中的食衣住行用品。同時她也透過社交平臺來植入一些廣告獲得收益。

從上面幾個網紅變現的案例中我們不難發現，網紅的變現手段多採用「組合拳」形式，這是由於單一通路的變現具有相當的侷限性，不能真實反映出網紅粉絲轉化的全部能力。以廣告為例，廣告主經常用量化的粉絲數量作為標準來選擇投放廣告的網紅，因此那些具有高粉絲黏著度與互動性，但粉絲數量並不太大的網紅們就很難利用廣告來持續變現。這種情況就導致網紅變現不能謹守某一兩條主通路，還應盡可能拓展變現通路，讓自己的價值透過立體多種的變現通路來達到高峰。當一個網紅實現了變現價值的最大化後，他／她距離超級網紅的寶座就更近了。

第五章　超級網紅修練課程（三）

第六章

企業也能成爲網紅

　　前面的章節我們從個人的角度分享了成為「超級網紅」的修練課內容。從本章開始我們將從企業經營的角度出發，為企業在網紅經濟中分享碩果提供一些幫助。

　　在以往任何一種經濟形式中都不能沒有企業的身影，網紅經濟作為眾多經濟形式中的一種也不例外。在網紅經濟裡，隨著產業鏈的完善，整個經濟的傳導、循環漸漸暢通，其發展潛力與吸引力逐漸顯現。無疑，網紅經濟正處於朝陽之中，它的出現為企業經營注入了新的思維，帶來了新的啟示。

當網紅思維融入企業

　　如今世界已經進入行動網路的時代，行動網路帶來了蓬勃發展的網路經濟，與傳統的經濟模式不同，網路行銷、網路社交、電子商務等以網路為載體的新商業模式已經「搶占登陸」。在這些新商業模式的合力作用下，網紅經濟逐漸成型，其規模迅速增長，成為現代商業裡不可忽略的經濟形式。就像十幾年前企業圈中提出的「企業要具備網路思維」一樣，如今我們要喊出這樣的口號：「企業要具備網紅思維」。

　　網紅經濟是網路綜合經濟的一種，產品設計、網路行銷、電子商務、客戶關係管理等企業營運體系中的各個重要環節在網紅經濟裡同樣存在。因此，我們可以說，網紅經濟是一種非

常適合企業營運的經濟模式。但對於大多數企業而言，網紅經濟還很陌生，尤其是傳統產業的企業，缺乏網紅思維，不知道應該如何在網紅經濟裡獲益。

企業想要乘上「網紅經濟」的大船，首先必須具備網紅思維。企業在傳統的經營思維中要注入網紅式的經營思維。

重視產品多於重視行銷

企業網紅思維的第一種表現就是「重視產品要多於重視行銷」。在企業慣常的「生意經」裡，行銷的作用往往被放大，而對產品本身的重視程度遠遠不夠。很多企業普遍認為只有行銷做好才能帶來企業的銷售額與盈利，而產品差不多就行了。

2013 年，一家煎餅店迅速走紅。與傳統的餐飲連鎖企業不同，煎餅店並沒有在媒體上大量投放廣告，也沒有憑藉連鎖門市的規模獲得關注，而是在網路上製造話題，並且藉助社交平臺造勢獲得了巨大成功，最終成為當年度的經典行銷案例。

憑藉成功的網路式思維的行銷手段，煎餅店迅速吸引了大批消費者。但是，在網路上，多數慕名而來的網友都對煎餅的口味表示失望，有網友評價：「真心很一般，比外面小攤販的煎餅還不如，吹噓得太誇張了。」除了主打的煎餅外，煎餅店還推出春捲、豆花、涼麵等十款產品，很多消費者同樣反映味道一般。

　　對於餐飲企業而言，菜品即產品，而菜品的口味就代表了
其產品的品質。亞洲是味覺掛帥，味道是消費者選擇餐廳的第
一指標，所以，對消費者而言，好吃是餐飲產品的核心要素。
如果忽視了這一要素，再成功的行銷也不能讓企業獲得持久的
生命力。

　　在網紅的思維裡，對產品的重視程度遠遠高於行銷。網紅
營運產品的背後依靠網路思維，在網路媒介環境下，網紅透
過區分判斷粉絲心理需求後生產產品，這是因為將粉絲轉變為
購買者是網紅變現的基本邏輯。正因如此，網紅們都會花很多
時間與粉絲進行互動，從中了解粉絲的喜好與需求，網紅們甚
至會在產品研發階段就把產品式樣發布到社交平臺交由粉絲選
擇決定，被粉絲選擇的產品式樣才會投入生產。以經營服裝類
店鋪的網紅為例，在店鋪推出新品前，一般會有一個選款、設
計、搭配到工廠製作的流程，在選款、設計、搭配結束後，網
紅一般都會透過社交平臺來徵集粉絲意見，等最終產品上架後
再向粉絲展示推廣。

　　由此可見，網紅的這種「重視產品多於重視行銷」的思維對
企業來說可以成為一種借鑑，它就是企業形成網紅思維的直觀
表現。

互動是為了得到更多用戶反饋

　　企業網紅思維的第二種表現就是「互動是為了得到更多用戶反饋」。如今在企業的行銷方式裡，網路互動行銷推廣的方式已經被廣泛運用，社群媒體、影片等各類方式層出不窮。「互動」的含義是雙方互相動起來，而對於很多企業來說，在這方面實施的效果並不盡如人意，企業的網路互動平臺常常空有其表，無法實現「互動」目的，也就無法達成推廣效果。究其原因可以總結為以下幾點：

- 內容同質化嚴重。企業在互動內容上除了產品內容外，為了體現互動的多樣性，往往會增加一些時尚熱門、心靈雞湯等內容，然而這些內容在各種媒體上已經被說得太多了，除非有新穎的角度或強大的文案能力，否則便不能逃脫內容的同質化。因此這類互動內容很難使用戶產生閱讀興趣。

- 過度行銷。目前，很多企業都把各種網路社交平臺當成行銷工具，著重進行產品宣傳而忽視了這些平臺固有的服務功能，即使得到用戶的反饋訊息也沒有進行系統的整理與及時的回覆。例如，有的企業回覆功能設置為自動回覆，或者在接收用戶反饋訊息後長時間無回覆，這些情況都會令用戶產生沒有被認真對待的感覺。要知道一個沒有客戶服務的社交平臺也不會有客戶來，因為客戶不希望被當成只是用來宣傳推廣和推銷產品的對象。

- 互動內容缺乏參與感。企業社交平臺互動性差的另一個原因在於互動話題與內容讓用戶沒有參與熱情。

- 推送內容和用戶需求不匹配。在社交平臺上是透過內容來吸引用戶，從而發生互動。在很多情況下，企業並不了解用戶的偏好，不知道用戶喜歡什麼樣的內容，喜歡什麼時候閱讀內容，因此在內容推送上也只能是盲人摸象，所以點閱量慘淡也是很正常的事情。

如果從網紅思維的角度來看待「互動」，那麼獲得用戶反饋才是互動的根本目的，而不是行銷賣貨。網紅在透過輸出內容引發互動從而獲得用戶反饋方面很有經驗。

- 創造個性化內容。網紅作為「內容」的生產者，在內容創造方面比企業具備更大的優勢。例如，很多知名的網紅都是依靠個性化內容創造獲得粉絲青睞的。網紅的輸出內容多為原創，其話題製造能力、文字駕馭能力、圖片設計能力、影片創新能力都是內容能夠獲得成功的保障。

- 粉絲反饋互動。網紅對粉絲反饋的重視程度遠遠高於企業，因為他們知道在粉絲的反饋裡能夠挖掘出粉絲需求，並透過由此疊加的互動行為增加粉絲忠誠度。因此我們常常能夠看到，線上直播的主播都會第一時間回覆粉絲，粉絲的留言也會得到關注。

- 用內容引發用戶共鳴。網紅輸出內容的成功之處就在於他

們知道什麼樣的話題內容能夠引起用戶共鳴,讓用戶自然而然萌生參與需求。例如,母嬰類、情感類的話題往往參與度較高,貼近普通人生活與感受的話題從來不乏關注。

- 互動內容基於用戶需求。網紅的輸出內容能夠獲得用戶反饋的另一個重要原因在於這些內容符合用戶需求。例如,用戶希望找到虛擬網路中的「相同經歷」者,基於這種需求的內容無疑就會引發用戶共鳴,獲得用戶好感。

由此可見,在網路社交裡,讓用戶與企業實現真正的互動是第一步,而互動的最終目的是得到用戶的反饋訊息。透過互動,企業能夠掌握目標客群的喜好特徵以及他們慣用的接觸訊息的方式,並且發現雙方的共同利益點,從而找到溝通時機和方法與用戶緊密結合起來。

客戶關係的網紅式管理

企業網紅思維的第三種表現反映在客戶關係管理上。客戶關係管理的含義是企業向客戶提供的創新式個性化交互與服務的過程。它的最終目標是吸引新客戶、保留老客戶,以及將已有客戶轉化為忠實客戶。然而實際上對於大多數企業尤其是中小型企業而言,客戶關係管理的作用微乎其微,這是因為很多企業在考慮利益時很少會把客戶利益放在第一位,同時也缺少專門負責的、有客戶關係管理經驗的員工。

但在網紅經濟裡，我們能夠看到，網紅的粉絲具有高忠誠度，網紅在對粉絲進行引導變現時往往很容易便能實現粉絲的再購行為。

以模特兒身分活躍在平面媒體和網站媒體上的小宋由於不時在媒體通路分享自己的服飾搭配，從而獲得了粉絲的關注。到目前為止，小宋的粉絲數量已經超過 211 萬……因為小宋的粉絲多為 20 歲左右的小女生，所以他日常發布的內容除了生活記錄之外，很大一部分內容是關於日常服飾穿搭和網拍店鋪活動消息。這樣做的好處是不僅能夠持續吸引新粉絲的加入，而且還有利於把社交平臺粉絲轉化成店鋪粉絲；此外，這些忠實粉絲還能夠成為小宋網拍店鋪活動自發的「宣傳大軍」。

除了將現有粉絲透過社交平臺引流至網拍店鋪外，小宋的網拍店鋪在提升產品品質和整套服裝搭配的開發方面也投入了很大精力。小宋除了擔任品牌設計師的職務外，還兼任網拍模特兒等多項工作，並且專門為粉絲提供免費的服裝搭配參考服務。這些「附加」服務對粉絲們來說可以算是特別的「福利」。正是透過這些方式，小宋把社交平臺的粉絲培養成了產品的粉絲。當產品獲得粉絲認可後，回頭率達到 100% 也就成了常態。

從上面的網紅案例裡我們可以看到，網紅在粉絲關係管理中的獨到之處。與企業不同，網紅大多是先聚集粉絲，再進行管理，最後透過管理後的良性效果把粉絲引導入變現環節。與

企業相比，網紅由於是具有個性的「人」，因此更容易獲得粉絲的好感，互動難度比企業低，而這一點正是企業在客戶關係管理中應該盡力去做到的。在以往的客戶關係管理中，企業總是以組織的形式出現，客戶也會把企業看作是一個「組織」，而非一個具有個性的「人」。這無形中在企業與客戶之間造成了一個並不對等的局面。「人與組織的互動」相比「人與人的互動」，無論從積極性還是效果上都會打折扣。

因此，企業在客戶關係管理上可以從網紅思維中獲得借鑑。例如，客戶服務是展現企業文化和形象最直接的管道，那麼在網路客戶服務層面，企業可以透過電商平臺的客服系統與客戶直接交流、反饋、解決產品和服務疑問，透過這種方式替代門市一對一交流的方式，以使客戶對產品產生興趣。

為此，企業有必要建立一個完善、及時的客戶服務體系和快速響應的服務機制，把客戶的購買過程轉變為不再是客戶被動接受企業單向傳遞訊息的過程，而是一種多元的、公開的、持續產生影響的客戶服務過程。

除此之外，企業還應尋找到產品與客戶自我價值觀深度契合的重合點，令產品能夠體現客戶的生活方式與態度。這不僅有助於企業拉近與客戶之間的距離，更會透過價值觀的重合使客戶產生對企業的認同感與歸屬感。有很多網紅在這一點上就做得非常成功。

　　網紅小虹的粉絲數量超過 32 萬，此外，她還擁有著一個龐大的具有「文藝氣息」的社交好友閨蜜圈，包括一些電臺和電視臺主持人等，在社交平臺上她會跟粉絲分享美食、旅行、自拍以及閨蜜自創品牌的產品購買連結。

　　小虹的自創了一個高跟鞋品牌。她成功地賦予了品牌鮮明的獨立個性，使之與粉絲的自我價值觀達成了一致。這一點從小虹為品牌下某個產品推廣時設計的廣告語中就能看出來：「這雙鞋，給那些文能填葬花詞、武能修 BMW 的女人……」

　　「我喜歡好看的鞋盒，因為我希望我們的鞋盒裡，能裝下女孩們的來時路。」這條文案配上圓形禮盒裡鋪滿粉色花瓣的圖片，鮮明地體現出了小虹自創品牌的獨立個性，甚至有人這樣說：「小虹賣的不是鞋，是一份少女情懷。」

　　正因如此，小虹自創品牌裡最便宜的鞋子售價也在千元以上，但店內經典款和顏色永遠在搶購和缺貨狀態，粉絲們會在購買商品後發布到社交平臺上來展示。

　　實際上，僅從價值觀統一的層面來解讀，網紅是透過發掘出粉絲價值觀與個性喜好來「投其所好」獲得粉絲關係管理的成功的。你也可以把這些成功案例看作是網紅粉絲關係管理的效果所在。當然，僅僅憑藉這一方面是不夠的，只有在粉絲服務、互動品質、即時訊息反饋等關係管理的不同方面都獲得「加分」，才能使網紅的粉絲關係管理獲得真正的成功。對企業來說，也同樣如此。

分享互動是成功行銷的關鍵

在上一節的網紅思維中，我們談到了「互動」。其中對於互動的目的，我們強調是為了獲得用戶的反饋訊息，而在行銷層面並沒有展開去說。在本節我們重點談一下分享互動對行銷所形成的積極作用。因為從那些成功網紅的案例中，我們可以看到，最終獲得行銷成功的基礎都是成功的分享互動，這一點恰恰企業做得並不好。

從以往企業行銷的特點來看，「降價促銷」、「大面積廣告覆蓋推廣」以及「各種店頭活動」是企業經常使用的行銷手段。這些行銷手段雖然能夠獲得良好的效果，但是成本過高、持續性不強的弱點也非常突出。這些方式在網紅的行銷裡並不被選用。下面讓我們看一個具備「網紅」基因的企業的案例。

小米公司在行銷上的成功主要來自於和用戶之間有效的互動。因為只有和用戶建立了真正的互動，才能變成有效的行銷。小米的行銷主要由公司自己來完成，包括公關、網路行銷、客服等，這樣做的好處是有效確保了企業與用戶的零距離溝通，讓行銷的執行力更強。

在小米的行銷團隊裡，負責人是產品經理出身，同樣地，團隊的大部分成員也來自產品、技術團隊，這樣的人員構成充分發揮了他們對產品的理解要遠遠超過純行銷人員的優勢，很

容易準確定位用戶需求，與用戶交流時也更有共同語言。

在互動層面，雷軍即使是小米的創始人，也整天參與和用戶的互動。小米的幾大創始人也都很注重和用戶之間的互動。這樣的方式一下子拉近了企業與用戶之間的距離，使用戶自然而然地對企業產生了親近感。

為了更好地與用戶形成良性互動，小米在售後服務環節還建立了自己的呼叫中心，確保了用戶的諮商與投訴都能夠在第一時間被妥善處理。

同時，小米的官方論壇一直保持著高活躍度，這都是持續維護的結果。透過在論壇上的持續互動，用戶對小米產品所提出的各種意見與改進建議都能夠被及時收集，確保了在隨後的意見整理環節發現用戶的真實需求。

小米還成立了專門負責網路行銷的團隊，團隊成員大都是對技術、產品精通的員工，他們會在網路上及時發現用戶反映的產品問題並馬上展開溝通。小米的這個網路平臺用戶會覺得自己多了一個和小米公司直接溝通的通路。除此之外，在小米的官網上還有很多教用戶怎樣玩手機的內容，這些內容不僅幫助用戶更好地了解了小米的產品，同時也潛移默化地提升了用戶的忠誠度。

在互動中，小米還特別注重用戶的參與感。例如，小米曾經發起的 10 萬元懸賞小米手機螢幕背景的活動，只要用戶上傳

圖片就可能成為小米手機的螢幕背景。諸如此類的活動有效提升了用戶的參與度，同時也提升用戶對小米品牌的認知度。

小米公司是網紅型企業的代表，從上面的案例裡我們不難看出，成功的行銷往往來自成功的互動，透過互動實現與客戶的「共振」，從而為行銷打下了堅實的基礎。

分享互動要加入娛樂成分

從分享互動的角度來看，針對當下網路粉絲的特徵，分享互動也要迎合這些粉絲特徵。首先是互動的內容要加入娛樂化成分。

其實，網紅經濟本身就有很強的「娛樂性」。在全民娛樂的時代，過於嚴肅的互動話題往往激不起互動對象的熱情，而加了「娛樂化佐料」的互動反而會引起互動對象的興趣。

我們還能夠看到那些曾經很嚴肅的電視綜藝節目，如今那些歌手和演員們在和觀眾進行互動的時候，通常都會說幾段笑話，目的就是博得觀眾一笑，提升互動的品質。因此對於企業來說，想要獲得用戶的認可，就要放下「高高在上」的作風，和粉絲、用戶透過互動打成一片，只有這樣才能了解他們的需求，從而滿足他們的願望，獲得好的行銷效果。

互動需要「關注點」

　　網紅經濟的重要特質之一就是「關注點」。那些成功網紅的身上都具有鮮明吸引注意力的關注點，如美貌、文筆、背後的故事等。這些「關注點」會引發粉絲的興趣從而提升互動時的效果，為互動製造出話題。

　　網紅大喜每天要花很多精力在社交平臺上跟用戶互動，推出樣衣和美照，聽粉絲的評論反饋。大喜直言用粉絲喜歡的內容與粉絲互動是自己成功的法寶。「粉絲會喜歡我，很大程度上源於喜歡我的生活態度和生活方式，因此我會不遺餘力地用圖文形式記錄自己每天的生活狀態，並及時回覆粉絲的留言，一起探討和分享自己喜歡的東西。」

　　「互動」並不是簡單的你一言我一語，想要取得積極的效果就需要投其所好地為互動對象輸出「積極」的內容，想要做到這一點，依靠的便是用戶對你的「關注點」。因此，企業有必要捫心自問：「我吸引用戶的『關注點』在哪裡？」

透過「互動」傳遞品牌意識

　　網紅經濟的初始階段，「品牌」的意識相當模糊，究其原因，是因為在那個時期，個人化的「占山為王」模式足以應對市場的需求，網紅們大多單獨作戰。隨著網紅經濟產業鏈的逐漸

成型，產業中競爭日益嚴重，除了特別成功的「超級網紅」外，很多網紅的名字逐漸被市場淹沒。而那些「超級網紅」的背後都有商業化營運團隊的影子，在商業化的操作模式下，「品牌」的概念被植入網紅經濟就變得自然而然了。

網紅經濟是由「美麗」引發的注意力經濟，對網紅個人來說，想要延長成功的週期，只有在品牌的引導下才能實現。因此，網紅在互動層面的表現也發生了變化，對品牌訊息的傳遞開始增多，網紅開始從產品推銷轉向對個人品牌的推送。這是因為網紅們已經意識到，如果仍然停留在賣貨思維，那麼他／她始終扮演的是一個銷售的角色，沒有給粉絲提供除了產品外的任何附加價值，這顯然已經不符合用戶的需求了。隨著產品種類的豐富、價格的持續低廉，用戶所需要的是，除了產品之外，還能獲得的額外價值。網紅存在的意義正是成功地賦予了粉絲在產品價值之外更多的情感價值。

正因如此，我們看到很多網紅開始專注於透過互動為粉絲傳遞品牌意識，從而建立起情感的壁壘。

模特兒出身的網紅珍妮憑藉精緻的面容、個性的穿搭，以及爽朗的性格在網路上備受追捧。如今已經是網拍店鋪老闆的珍妮憑藉在美妝與服飾搭配方面的優勢，在社交網路中分享自己的美妝和服飾搭配心得。她知道她的粉絲最關注的就是這些內容，因此透過持續的內容分享與互動，珍妮的個人品牌化標

記深深嵌入了粉絲的腦海中，粉絲的黏著度迅速增加，「透過互動，粉絲更信任和喜歡我，從而喜歡我做的一切東西」。

網紅經濟的快速發展、網紅產品的驚人銷售其實都源於粉絲對網紅的追捧。粉絲被網紅輸出的內容及網紅本身的人格魅力所打動，並心甘情願地付費購買網紅提供的產品。之所以會產生這樣的效果，原因就在於在實體產品之外，網紅個人品牌對粉絲的影響力發揮了決定作用，它讓粉絲的自我情感訴求得到了表達，其實是給予了粉絲實體產品以外的情感附加價值。

其實，企業也一直在追求透過類似的方式獲得行銷的成功，現在網紅經濟給了企業一個非常好的機會，可以藉助「網紅」的東風，來實現這種產品附加價值的加成。由於個體在任何社交媒體上的傳播速度都更快，面對這樣的特性，企業可以考慮透過樹立一個個體的品牌來進行傳播互動，再把這個個體品牌關聯到企業品牌上去。這便是網紅經濟給企業帶來的啟示。

以明確受眾為目標

在網紅經濟裡，變現對象無疑是「粉絲」，粉絲是網紅經濟賴以延續的動因。對於網紅個體而言，不同的網紅其受眾是不同的。網紅經濟之所以成功，原因就在於其中的每一個參與者都知道，自己的受眾到底是誰，他們具有什麼樣的特徵，以及

他們心裡想要的是什麼。

　　以往，很多企業在網路裡進行行銷採用的都是無差別推廣，即把所有上網的用戶都假想爲自己的受衆。這種意識在網紅經濟裡行不通，網紅經濟裡的受衆是以族群的形式存在，喜好明確。以往「向和尚推銷梳子」的成功銷售方法在這裡幾乎無用武之地，因爲不是你受衆的人根本沒有興趣聽你發聲。因此企業需要好好了解自己的受衆特點，才能找到有效的行銷方式。

掌握「受衆」特徵

　　一般情況下，受衆都會有一些共性特徵，透過這些特徵我們可以了解他們的年齡、職業、喜好、購買能力等對行銷極有幫助的關鍵資訊。下面我們透過對小米社群粉絲的分析來看看這家「網紅」公司的粉絲受衆特徵。

　　首先，25 至 35 歲是米粉的主體。根據市調公司的調查數據顯示，在小米的粉絲群中，25 至 35 歲占比均爲 36.8%，35 至 40 歲占 17.1%，而 40 至 50 歲占 8.0%，50 歲以上僅占 1.0%。從這一數據中可以看出，小米粉絲的年齡特徵是年輕化。這一年齡特徵的受衆追求生活的品質，對喜歡的東西有購買欲望；同時，他們崇尚個性化，喜歡與衆不同，也樂於表達，經常會透過社交平臺來展示自己。

　　其次，小米粉絲大多是具有一定學歷的學生與職場新人。

根據調查數據顯示，在小米粉絲群中，大學生占比 45.0%，其他學歷人群占比相對較少。從這一數據中可以看出，小米粉絲的收入相對較低，渴望成長，渴望成功，渴望被認可，這一族群的現實購買力並不強，但對新鮮事物的接受能力強，傳播能力出眾。

再次，小米粉絲以「男性」居多，根據調查數據顯示，在小米粉絲群中，男性占比 91.8%。他們的特徵是普遍痴迷於電腦、遊戲，喜歡上網且上網時間較長。

對受眾特徵的分析能夠幫助企業描繪出受眾的清晰輪廓，從而便於投其所好地實施產品設計與行銷。上面小米公司的案例相信能夠帶給你一些啟發與參考，在案例中不僅有代表受眾特徵的數據，更有對數據分析後總結出的特徵結論。企業也可以效仿這樣去做。下面我們再提供一些網紅粉絲特徵的有趣數據。

據調查顯示，亞洲網紅粉絲已成為僅次於娛樂明星粉絲的第二大粉絲，目前數量高達 3.1 億。其中，網紅粉絲七成為女性，20 至 25 歲超過 75%，25 至 30 歲占比為 21.3%。另一個特點是：網紅粉絲呈現高學歷特徵，2015 年網紅粉絲學歷在大學以上者達到 74.3%。

上述數據能夠為我們帶來一些網紅經濟下的直觀感受，也有助於企業在切入網紅經濟時做出正確判斷。同時有一點需要

注意，不同的企業，受眾特徵不同，因此在採集與分析受眾數據時企業不要照搬抄襲，而是應該從自身情況出發，對數據做出正確的解讀。

了解「受眾」心理

了解受眾心理使企業在行銷時能夠知己知彼，投其所好。在受眾心理分析中，把受眾所具有的特殊心理表述為以下幾點：

首先是威信影響。它是指訊息傳播者個人或組織的權威性對受眾能夠產生正面的心理影響作用，從而影響訊息傳播的效果。也就是說當受眾把訊息傳播者放在高權威性的位置上時，他／她就會認為訊息是可信的。

其次是光環效應，這也是受眾的一種特殊心理。這是一種愛屋及烏的強烈知覺，就像月暈的光環一樣，向周圍彌漫、擴散。網紅普遍利用的就是這種效應。粉絲在看到網紅推薦的商品或發布的廣告時，會不由自主地把自身對網紅的喜愛嫁接到商品或廣告上，於是對商品和廣告也產生信任感。這種效應廣泛應用於網紅經濟裡的網紅變現環節。

再次是共鳴效應。共鳴效應是指網紅在向受眾輸出內容時，內容裡的觀點、思想、經歷等正好是受眾喜歡或具有同感的，讓受眾感覺到網紅的思想觀點與他們已認可的思想觀點是相近的，從而喚起了受眾的心理共鳴。共鳴效應一旦出現就能

夠有效地消除受眾的防範心理，減少訊息內容傳播的接收障礙，形成傳授兩者情投意合的互動氛圍。

最後是從眾效應。從眾效應是受眾的特殊心理中最普及的一種心理。它是指受眾中的個體由於受到團體行為的影響，使自己的行為與團體中大多數人的行為保持一致。例如，在從眾效應的作用下，受眾個體往往會表現為對已經有了定論的網紅和其內容作品不會再提出相反的意見，從而對網紅再次進行內容輸出時形成一種接受習慣。打個比方，當周圍人都在說「周子瑜」漂亮時，你也會跟著附和說她漂亮，以免被別人看成審美觀有問題。即使你從前不知道什麼「周子瑜」，經過這一次，你也會去看看與她有關的訊息內容，傳播已經影響到了你。

上述這些受眾常見的特殊心理在網紅對粉絲進行內容傳播時常常會潛移默化地運用其中，所造成的效果往往出乎意料地好。企業同樣可以參考借鑑。

明確的「受眾」讓「互動」有效

之所以要找到明確的受眾，是為了使你在與受眾進行互動時能夠產生顯著的效果，從而幫助行銷提升成功率。企業在以往的生產經營、管理運作過程中，往往會累積很多客戶資訊，然而這些客戶是否是你明確的受眾還有待進一步的篩選。下面的案例能夠為我們帶來一些啟示。

理膚寶水（La Roche-Posay）發起的舒緩噴霧 50ML 試用品派發活動打破了產業以往的試用品派發模式，有效提升了消費者體驗，同時藉此完成了用戶資訊與反饋的獲取目的。活動的模式是將線上試用品申請與到實體店領取串聯在一起，同時再把實體店領取試用品的消費者資訊返回到線上資料庫中，實現了用戶資訊收集的步驟。

活動採用社交平臺作為互動的直接窗口，使消費者獲得了更新鮮、更便捷的互動體驗。同時理膚寶水把在社交平臺上與消費者的互動數據與企業客戶關係管理系統（CRM）進行了連接，把透過社交平臺收集到的用戶互動訊息匯總到了 CRM 內，為後續行銷提供了數據支持。

理膚寶水試用品派發的活動實際上是在收集明確受眾的資訊，因為那些領取了試用品的用戶至少是對產品感興趣或者會使用產品的人。因此理膚寶水透過社交平臺，採用不僅在線上提供試用品派發訊息，還透過活動建立了用戶追蹤和反饋機制，除此之外，理膚寶水還將用戶數據進行了分組，並實現了用戶互動的即時反饋。

誰都知道那些已經成為企業客戶的人一定是最明確的受眾，但現實是，如何增強這一受眾對企業品牌的黏著度，實現他們的再購，讓很多企業束手無策。理膚寶水的這個案例不僅為我們提供了與受眾成功互動的創新方式，更揭示了如何利用

手中龐大的用戶資料庫實現精準受眾（現有理膚寶水用戶）的精準推送，從而提升行銷效率和效果的方法。透過對領取試用品的用戶資訊的採集，那些已經在客戶資訊資料庫中的用戶資訊能夠被提取出來，這部分重合資訊很顯然就是具備品牌黏著度和再購可能性的理膚寶水最明確的受眾。

隨著網路技術的發展，追蹤用戶的上網行為已經成為可能。因此，用戶在網路上的 ID 就被貼上了各種標籤。這些標籤呈現出了用戶的興趣喜好、生活習慣及消費習慣。因此透過不同的媒體平臺，你能夠找到不同類型的受眾。基於此，網路媒體的特徵也可以很大程度上代表受眾的特徵，你同樣可以善加利用。

以專業能力撐起行銷

那些成功網紅的身上還有一個重要的特質值得企業借鑑，那就是「專業能力」。可能有的讀者會問：論到「專業」，還能有誰會比企業更專業呢？實則不然。企業在產品設計生產、營運管理等方面的專業程度毋庸置疑，但一旦進入網紅經濟，企業在內容輸出、粉絲營運管理、粉絲引導以及變現等方面的「專業」程度就不敢恭維了。畢竟對於大多數企業而言，網紅經濟作為新興的經濟模式還較為陌生，其營運模式具有較大的個性化

色彩，因此對於一般企業可能並不適合。這就要求企業需要在網紅經濟裡進行一些主動的轉變來迎合粉絲的喜好與需求，網紅一系列的專業能力能夠幫助企業適應網紅經濟特點，獲得粉絲回報。

內容創造能力

內容創造能力是網紅最重要的能力之一。網紅也被稱為「網路上的內容創造者」。

網紅「谷阿莫」，喜歡講故事，尤其喜歡透過簡單精闢幽默的語言，把數個小時的電影概括成幾分鐘的短片。谷阿莫的作品幾天內累計播放超過 400 萬，光是一部「4 分鐘看完電影版《暮光之城》1 至 5 集」，4 天內就在影片平臺上播放過 97 萬次。他的社交平臺帳號開通短短幾天就有幾十萬粉絲追捧，他在 2015 年網紅排行榜中排名第 23 名。

谷阿莫作為影評領域的網紅，靠的是將文字影評變成有影片剪輯的解說。那些超長的電影，在谷阿莫動過手之後，內容的精髓並沒有因為剪輯而折損，反而因為谷阿莫特有的解說風格，呈現出獨特的一面。谷阿莫的成功顯而易見的是依靠他的內容創造能力。

網紅經濟裡的內容創造分為很多種類，有文字、圖片、漫畫、影片等各種方式，可以說成功的網紅各有各的絕活。

　　內容創造能力之所以重要是因為它是網紅吸引粉絲關注、贏得粉絲好感的最直接手段。它要求內容符合用戶審美、吸引用戶同時不落俗套，最好還能讓用戶回味，使用戶在看了你的內容後有所收穫。在內容創造方面，有的企業就做得非常出色。

　　在推送創意內容方面，杜蕾斯可謂是企業層面的典範。杜蕾斯的官方社交平臺帳號粉絲數量超過 158 萬。其發布內容中不乏充滿創意的圖文動畫。杜蕾斯正是透過這些好玩的、極具消遣意味的小品式推送內容獲得了「企業網紅」的稱號。

　　一個企業要想在高手雲集的社交平臺上占據一席之地，獲得粉絲關注，沒有突出的內容創造能力是不行的。杜蕾斯的成功帶給我們這樣的啟示：好的內容來源於生活的普通之中，只有那些貼近用戶生活的內容才能讓用戶感覺是看得見、摸得著的。這就要求企業在社交平臺上與粉絲進行互動時放棄高高在上的姿態，讓自己變得好玩起來，讓自己融入粉絲的之中。只有這樣，才能創造出吸引用戶的內容。在內容題材方面，企業可以自我創造，或者藉助當前熱門話題進行深度加工、二次創作。

　　此外，企業還要確保內容輸出的持續性，即不間斷地輸出內容，這是獲得用戶持續關注的重要方式。很多企業在做社交平臺營運時，往往由於在初期沒有獲得預期效果而中斷輸出或延長內容輸出的間隔。這樣的營運方式注定與成功無緣。

粉絲營運能力

粉絲營運是網紅透過互動管理的方式聚合粉絲，目的是保持粉絲的持續活力。這一點往往被企業忽略，然而網紅知道這樣做有多重要。

網紅小芝，在網路的虛擬世界裡，她擁有超過 152 萬粉絲、兩家網拍店鋪及專業攝影師。

隨著粉絲數量越來越多，小芝意識到營運粉絲的重要性。於是，與粉絲的直接互動成為小芝工作和生活中重要的組成部分。她一般會在晚上結束店鋪的工作後，抽出 2 個小時的時間，在各個社交平臺上與粉絲互動，不僅回覆粉絲留言，還會寫一些好玩的回覆，她對自己的要求是確保每天 9 張以上原創圖片、3 條原創發文的更新頻率。小芝知道已有的粉絲需要依靠持續的經營來保持他們的活力與新鮮感，為此小芝在粉絲互動裡盡量不帶有商業化太明顯的內容。

小芝認為在社交平臺裡，負面的互動訊息就好比一滴墨，在她的社交平臺這個清水裡，只要一滴，就能影響一大片，因此她會極力避免這樣的情況發生。同時，小芝也感覺到：「以前的文案隨手就來，現在明顯沒有那麼好玩了。」長期的粉絲營運，讓小芝在互動上維持趣味性與互動品質的難度變得越來越大，粉絲的快速增長也帶來更多挑戰，當網紅的粉絲逐漸龐大時，對粉絲營運的能力要求也變得非常高。

　　粉絲營運的方法有很多，究其根源都是從「互動」而來，透過「互動」來實施。而互動的主體是「內容」，內容包含在聊天、推薦、八卦、抽獎等任何形式的「互動」之中。由此可見，粉絲營運的一部分仍然是「內容」。除了「內容」外，那些包括聊天、推薦、八卦、抽獎等的形式其實就是營運的手段，是實現用內容影響粉絲的方式。

　　在粉絲營運思維下，企業必須想辦法讓自己對粉絲群時刻保持巨大的吸引力，並且盡可能地去提高自己的粉絲活躍度，以及普通粉絲轉變成核心粉絲的轉換率。

　　如果企業能夠擁有數量足夠龐大的粉絲群，那麼不僅僅在網紅經濟，甚至在所有經濟形式裡它都必然可以占據更多的市場占有率；這些粉絲越忠誠，企業的品牌與產品在市場中存活的時間就會越長，企業的持續發展動力也就會越強。在網紅經濟中，所有商業模式的成功都要依賴於龐大數量、對企業有著高黏著度的「粉絲」群，即粉絲數量和粉絲品質，同時這也是資本市場對企業進行估值的基礎。

引導變現能力

　　在網紅的專業能力中，引導粉絲實現變現的能力對企業來說頗具參考價值，這也是企業最為關注的地方。網紅從內容輸出到粉絲經營，其目的就是為了最終的粉絲變現環節。

　　網紅小颯，是英雄聯盟知名玩家，直播平臺的知名網路主播，每一次線上直播都能獲得百萬人次的圍觀。2014 年小颯開設了零食、男裝、電競產品等幾個網拍店鋪，每次直播時都會為自己的網拍打廣告。在粉絲的支持下，不到兩年的時間，每個月的收入可以達到六位數以上。一方面看小颯直播的人越來越多，另一方面小颯已經可以依靠自己的網拍店鋪生存。除此之外，小颯還有其他變現的通路，如贊助，據他介紹，有一些電子產品的廠商願意贊助解說，推廣自己的品牌。

　　從上面的案例中我們能夠看到，網紅的變現能力非常豐富，往往不侷限於一點。同時，由於粉絲的特殊性，他們既很容易為網紅掏錢買單，又對過於「赤裸裸」的行銷手段心存反感，因此網紅們在引導粉絲變現時還需要一些技巧。網紅小颯採用的是在互動窗口即直播間內以網拍店鋪連結的形式引導粉絲變現，同時在解說過程中也會偶爾提到自己的網拍店鋪。這樣的做法既不會影響粉絲觀看直播，同時又能巧妙地把自己的網拍訊息植入直播中，達到很好的廣告效果。

　　由於企業營利性組織的形象已經深入人心，因此在引導變現時難度更大。企業可以考慮這樣做：

　　讓粉絲忘掉企業的組織形象。透過與粉絲的互動，企業要盡量把自己人格化，讓粉絲把自己當成普通的個體而不是組織形態來看待。只有當粉絲把企業當作能夠平等交流的個體對

象時，出於對人格化企業的親密關係，變現才可能比較容易地實現。

培養粉絲的共同信仰。我們可以看到，當粉絲中出現一個精神領袖的時候，粉絲將以這個精神領袖為信仰中心，而這些精神領袖透過向粉絲灌輸價值觀的方式，把符合自己信仰的人聚集在自己身邊，從而獲取商業利益。企業可以效仿這個方式，把自己或者企業代言人樹立成粉絲的信仰領袖，從而引導粉絲變現。要做到這一點，企業要特別注重粉絲的品質，透過一次次信仰的輸出，清除掉不接受企業價值觀的人，將絕對忠實的粉絲留下，只有這樣才能更好地進行商業化變現。

企業構築自己的信仰型粉絲群，要求企業輸出內容時除了要有欣賞和使用價值外，還需要能夠引起粉絲精神上的共鳴，內容必須要有傳播分享的價值，能夠讓粉絲成員之間交流討論分享，能夠帶給粉絲群成員與眾不同的精神優越感。透過上述的方式，企業在引導變現的時候才能減少粉絲的牴觸心理，讓變現順利地完成。

本章我們從不同的角度分享了網紅經濟帶給企業的啟示。在如今網路、行動網路高度發達的背景下，企業的經營活動已經離不開網路，企業與客戶的交往遠遠超出了門市式的面對面交流，更多地需要依靠網路社交平臺來實現。在這種情況下，對於網路社交經驗可能並不豐富的企業而言，學習網紅的社交

模式，為自己植入網紅思維，能夠幫助企業找到與用戶互動的平衡點，從而實現網路行銷、客戶關係管理等目標。

第七章

網紅企業修練課程（一）

近幾年，網紅經濟一片如火如荼，其規模持續擴大，影響力也隨之上升，隨之而來地出現了很多商業機會。對於商業嗅覺極其敏銳的企業來說，也希望抓住機會在網紅藍海中分「一杯羹」。那麼，網紅與企業之間能否建立連繫，企業能否透過自身修練成為網紅呢？答案是肯定的。如果把企業看成一個獨立個體，那麼它只要具備成為網紅的一系列條件，自然就可以成為在網路中呼風喚雨的「超級網紅」。本章我們就來深度解析一個企業成為網紅所必須具備的擬人化素養。

必須要有「形象」

形象對於網紅來說是面對粉絲時的第一關，尤其是面對新粉絲時，形象的作用更為明顯。有調查顯示，由於形象所導致的在整體印象的形成上，最初獲得的訊息比後來獲得的訊息影響更大。因此，網紅在形象上的設計格外重要，那些成功的網紅們無一不是在形象上對粉絲產生了重大影響。因此網紅企業首先要過形象關。

網紅形象的聚焦作用

要知道，網紅來源於網路，既然如此，那麼網紅的形象就離不開網路形象的塑造，就是俗稱的「人物設計」。任何細節都

會影響粉絲對網紅的印象，在社交媒體上的網路公眾形象尤其需要謹慎的經營，對於企業來說同樣如此。讓我們首先來看幾個成功網紅的案例。

小 Angelababy，原名周揚青，由於與中國女星 Angelababy 極其相似的甜美長相和出色的舞蹈功力在網路走紅，粉絲數量達到了 148 萬人，其網拍店鋪也做得風生水起，在 2015 年網紅排行榜中排名第 47 名。

美國醫生 Dr. Mike（Mikhail Varshavski）在 Instagram 上已經吸粉 120 萬。他走紅的原因是作為帥哥，他不僅喜歡在社交媒體上分享他和他的哈士奇狗的日常，還是個學霸醫生。他陽光的形象充滿親和力，僅僅看長相就給人一股濃濃的「正能量」。

看了上面幾個案例，我們能夠深刻體會到形象對於網紅的重要作用，甚至可以這樣說，一個網紅的成功在很大程度上取決於他的形象設計。周揚青成功的重要因素是其形象與明星 Angelababy 酷似而引起了粉絲的興趣；而 Dr. Mike 則以充滿陽光的形象示人，瞬間增加了粉絲的好感度。

對於企業來說，要想打造超級網紅，就必須在網路中進行個性化形象設計。

符合網路審美觀

與現實中的企業形象不同，要想成為網紅企業就必須設計符合網路審美觀的形象。那麼網路的審美觀是什麼呢？透過網紅們的成功我們可以看到，長相固然重要，但並不是網路審美的唯一標準，而「生活本身的美」才是如今網路審美的核心。

在網路裡，人們更加注重情感上的共鳴與生活行為上的共鳴，對過於菁英化、高端化的美反而不感興趣。這是因為每個人都是這個社會中普通的一員，驚天動地的美不會經常出現，而平淡之美才是每個人都能夠感受到的。因此企業在設計網紅形象時切勿盲目，「親民」不失為一種不錯的選擇。

注重個性

在網紅企業形象設計裡，個性同樣不可或缺。可以說個性的形象是企業在網路中的立足之本，它是讓粉絲追隨於你的唯一原因。

某化妝品品牌是策劃、生產研發企業，它旗下的面膜等多個化妝品受到消費者的認可與好評。該化妝品品牌公司打造一個針對獨立自信女性的官方自媒體，每天推送有關女性獨立的最新資訊、新銳觀點、理財方式、形象塑造技巧等，旨在「讓你指尖輕點即刻成為時代菁英女性，戴上女王皇冠」。

作為女性化妝用品品牌企業，其推出的自媒體平臺在形象設計上突出的特點就是個性化，透過喚醒女性的獨立意識，吸引了社會中女性族群的關注，樹立起了獨立女性形象。可以說在長期的社會發展過程中，尤其是在工作環境中，女性處於被動地位的意識形態早已形成，而隨著女性在當今社會中地位的不斷提升，這種固有的意識形態正在被打破。把女性獨立作為形象設計原點，引起了當今社會女性的共鳴，其自媒體的成功也就水到渠成了。

留存差異

差異化在網紅企業形象設計中是必須遵守的規則，相似度過高的形象會令粉絲因審美疲勞而產生牴觸。也許你會心存疑問，在本章開篇案例中提及的小 Angelababy，其形象就與 Angelababy 酷似。對於這一點，我們要進行仔細分析。

對於獨立個體的網紅而言，形象上的重合恰好是最大的亮點，尤其是與知名度很高的明星形象重合。這一點從前幾年盛行一時的娛樂節目模仿秀中就能看出端倪。從大眾的視角來看，如果一個普通人的長相與某位明星酷似，那麼這本身就非常吸引注意力，如果這個普通人再具有某些行為上的亮點，那麼他／她就很容易從大眾中脫穎而出，受到格外關注，這一關注度甚至要超過明星本人。沒有人會質疑他／她形象上的雷

同，因為他／她本來就是依靠這種雷同而受到關注的。

　　而對於企業來說，則恰恰相反，形象上的相似度太高將是致命的。如果模仿出與另一個企業幾乎一模一樣的形象，無論如何演繹這一形象都將不能逃脫陰影，反而給了大眾一個絕好的吐槽點。要知道網紅企業與個人網紅存在差別，形象的差異化這一點就是差別之一。

　　網紅企業形象設計的差異包括以下幾點：

- ‧ 形象差異，即網紅企業擬人化後在相貌、服飾等方面的差異；
- ‧ 個性差異，即網紅企業要擁有不同於其他網紅的獨立個性；
- ‧ 受眾差異，即網紅企業的粉絲在愛好、性格、文化等方面存在的與其競爭者粉絲相區別的地方。

　　綜上所述，企業在設計網紅形象時一定要留存差異，這種差異將是今後營運時與競爭對手賴以區分的重要因素。

謹慎經營，不斷完善

　　最後，在建立好網紅企業形象後，企業還不能認為萬事大吉，因為挑戰才剛剛開始。對網紅企業形象的經營將是一個漫長的持續性工作。企業必須做到以下三點：

- ‧ 保持形象的一致性。保持企業在網路中形象的一致尤為重要，切不可一段時間換一個形象，或者不同平臺用不同的

形象。

- 一點一滴地累積聲響。任何一個網紅的成功都要經過長期的累積，粉絲數量要慢慢增加，對粉絲的影響力也是逐漸深入，這些都需要一個過程。爆紅固然吸引注意，但爆紅前的累積也同樣不能忽視。因此，企業要學會經營，而不要寄希望於一夜爆紅。

- 竭盡全力避免形象危機。一旦進入網路，其一言一行都應小心謹慎，避免產生負面影響。要知道一旦發生形象危機，再去彌補和改善往往需要經歷相當漫長的過程，「破鏡難以重圓」就是這個道理。

除此之外，企業在經營時還要學會不斷完善，力求讓形象變得豐滿、真實。企業可以根據品牌產品需求、市場需求及粉絲需求來對網紅企業形象內涵進行填充與微調，讓其更好地為企業行銷提供助力。

必須要「貼標籤」

一個成功的網紅必定是標籤化的，這樣才更容易被人們記住，這一點非常重要。所謂的「標籤化」，我們可以理解為在網紅身上存在的具有顯著象徵性的符號，它令網紅與其他競爭者區別開來。

網紅標籤的作用

網紅的標籤是一種易識別、能夠重複帶給粉絲的記憶點。許多成功的網紅都會為自己設計標籤，它最大的好處是有助於提升網紅在粉絲心目中的品牌形象。

常年進行遊戲解說的「小熊」便是這種標籤化演繹的代表性人物。

在頻道畫面中醒目的 banner 位置，小熊設置了「休閒玩家，娛樂解說」的字樣，這便是小熊的個人化標籤。這一標籤不僅出現在頻道首頁，在每個其解說的影片開頭，小熊都會以「休閒玩家，娛樂解說，大家好我是小熊」作為開場語。這一做法令其與其他播客明顯地區別開來，在任何場合下，只要聽到或看到這句話，網友馬上就會聯想到小熊的名字。

從上面案例我們能感受到，網紅標籤在推動網紅個人品牌建設上所造成的重要作用。當然這裡所說的標籤並不是嚴格意義上的文字稱謂，文字只是其中的一類，還包括很多其他形式。其本質就是：一提到某位網紅，粉絲就能用幾個詞來概括他／她，或者在腦海裡立刻形成一個畫面。例如，我們一想到王思佳就會想到她那身行頭……而這些都屬於網紅標籤的範疇。

那麼，對於企業來說，打造網紅同樣也需要擬人化的象徵性標籤。

符合氣質

　　企業在設計網紅企業標籤時，首先要讓標籤符合品牌的定位與氣質。

　　「真正的老大從不說自己是老大」，這句話便是某一餐飲店在網路上及實體店的醒目標籤。它是一家主打燒烤的餐廳，在網路上這家店的吸粉能力很強，社交平臺運用自如。其企業 logo 代表著狠人：在很久以前，把人分為三種：一般人、二般人、狠人；餐廳中石器時代的裝修風格也透露出野性與霸氣。如此的品牌氣質與「真正的老大從不說自己是老大」的標籤對應起來可謂相得益彰。在對這一標籤的推廣中，變形與衍生也比比皆是，比如「真正的女神從不說自己是女神」等，更加深了粉絲對此標籤的印象。

　　上面的案例還帶給我們這樣的啟示：網紅企業的品牌標籤並非一成不變，如今時代高速發展，標籤同樣也會變得陳舊，只要符合氣質，在留存主體的基礎上進行適度加工，既能夠增加粉絲的新鮮感，同時也能令粉絲對網紅企業產生更多方位的記憶體驗。

方便記憶

　　設計標籤時，另一個需要遵循的原則便是「方便記憶」。過於繁瑣、深奧、生僻的標籤會令受眾產生記憶抗拒。因此，企

業必須遵循以下規則：

- 文字性標籤不宜過長，以句式出現時要遵循簡單、易懂、上口的原則，不能出現生僻字；
- 圖片式標籤設計要簡潔精練、配色和諧、色彩不宜搭配過多，盡量保持在三種顏色內；
- 形象式標籤設計應以大眾審美觀為參照，杜絕採用受眾認可度低的設計素材。

「方便記憶」是網紅企業標籤設計需要達到的最佳效果，一個容易被記住的標籤在網紅企業傳播過程中往往能有事半功倍的作用。

要新不要爛

設計標籤時還要遵循「要新不要爛」的原則。所謂「要新不要爛」，是指標籤設計要力求新穎、前無古人，那些已經被使用過的標籤如果照搬抄襲不僅不能對網紅傳播形成積極作用，反而還會拖網紅的後腿。

例如，幾年前「網路第一美女」的標籤一經問世便受到網友的追捧，然而隨後一大堆打著「網路第一美女」旗號出現的網紅，不僅沒能獲得成功，反而把「網路第一美女」的標籤做爛，時至今日再無人去相信它、關注它了。

　　企業應該清楚，好的標籤具有排他性，一經深入人心便很難改變。為了避免「標籤撞車」，最簡單的方法就是設計多形式的標籤，比如文字與圖形、文字與形象等，把不同形式進行結合融為一體。除此之外，企業還可以透過網路進行標籤檢索，看看是否有雷同的標籤存在。

反覆使用

　　在標籤投入使用後，企業還應特別注意對標籤進行反覆使用，即在網紅企業出現的場合都要確保標籤也隨之曝光，尤其在營運的初期。這樣做的好處是：在面對受眾時增加網紅企業品牌的識別度，樹立網紅企業在受眾中的品牌形象。上文案例中的小熊實際上採用的就是這樣的做法。

　　下面我們來看近兩年知名的網路主播在標籤反覆使用上的做法。

　　一名網路主播在直播間標題設置上採用了一個網路主播普遍使用的標籤設計方法，即日期時間推演法。他／她的直播間主標題為「寶寶拆家日常」，而在這一主標題後面加上了日期，比如已經是「第 51 天」。這樣做的好處是令網友產生持續關注的興趣，同時樹立起了「寶寶拆家日常」這一子品牌在直播大廳裡的形象。可以想見，從第 1 天到第 51 天，如此持續性的曝光（今後還不知道會有多少天），大大增加了受眾對主播的關注度，這

一點從直播的人氣與關注度數據上已經表露無遺。

　　上面的案例就是一個典型的標籤重複使用案例。當然，經過了營運初期，粉絲累積量達到一定基數後，企業也可以適當調整網紅標籤的出現頻率與形式，甚至可以對標籤進行一些微調，以增加網紅的新鮮感，這一點在上文中也有提到。

　　本節為大家講述了與網紅品牌標籤相關的系列內容，企業在打造網紅時對標籤的設計與使用要格外重視，這無疑是網紅企業修練的重要一課。

必須是「話匣子」

　　網紅的另一個特質就是「持續不斷的內容輸出」。網紅依靠這樣的方式對粉絲施加持續的影響，從而把粉絲緊緊綁定在自己身邊。因此，企業在網紅修練中也同樣要具備這樣的特質。

「話匣子」的作用

　　網路時代最大的特徵就是海量資訊與資訊的碎片化共存。這就導致資訊內容的快速更新是不可避免的（你一定會有這樣的體會：在網路上，昨天的很多資訊今天一下子就找不到了）。當資訊的更新成為一種固有的態勢時，對資訊的提供者而言，想

讓用戶記住你的唯一方式就是不斷生產出新的資訊。

對於網紅來說尤其如此。事實證明，有人會因為你的文字、影片記住你，甚至成為你的粉絲，但這還不足以構成刺激他們形成購買的動力。在這個網路資訊爆炸的時代，受眾的興趣點分布廣、遷移快，因此即使是粉絲，他的忠誠度也很難持久保鮮。

因此，持續輸出有價值的內容，持續為粉絲的熱情加溫才有可能將粉絲轉化為顧客。在網紅經濟中，網紅最大的優勢是形成了差異化競爭力。粉絲選擇網紅推薦或銷售的產品，是「喜歡、認可、相信」等情感疊加的結果。大多數情況下，粉絲選擇的並不是產品本身，而是透過網紅塑造的形象、輸出的內容，傳遞出的生活態度和方式。

基於這一點，在一定的時間內，保持訊息內容的持續輸出就顯得格外重要，它是網紅每天都要完成的「作業」。即便有一天，由於某些原因，沒有辦法輸出內容，網紅也會把原因告知粉絲。

輸出高品質內容

在持續輸出內容的同時，想要確保每一篇內容的品質，難度是非常大的，網紅卻要極力做到這一點。在前文我們已經談到高品質內容的創作原則，在此就不贅述了。在這裡我們主要

從企業的角度出發，來分享持續創造高品質內容的方式與方法。

企業網紅的修練與個人有所不同，這是由於企業畢竟是組織形式，在資源、能力、管理等方面與個人相比具有一定的優勢。因此，企業網紅可以利用這些優勢來出產內容，提升內容品質。

首先，建立完善的內容策劃與執行團隊。企業可以根據自身情況及品牌產品需求，為網紅企業內容營運建立專門的團隊，讓有經驗、有創新能力並熟悉網路內容傳播規律的團隊成員來負責內容的策劃與執行。

其次，建立內容發布與傳播機制。網紅企業的內容輸出應建立在固定的機制上，讓內容生產與發布流程化，從而確保內容傳播的持續性與覆蓋率。

再次，挖掘話題，緊跟話題，即時傳播。在內容素材的選取上，「熱門話題」是網紅經常會使用的素材，它包括新聞話題、人物事件等。「熱門話題」具有吸引受眾目光的特性，因此借「熱門話題」之勢，實現對網紅自我影響力的傳播已經被證明具有非常好的傳播效果。它要求在內容輸出上要有二度創作，把網紅自身特徵嵌入熱門之中，讓輸出的內容帶有網紅屬性，同時還要即時傳播，不能等話題過去一段時間後才跟進相關內容。

最後，企業要對網紅企業的內容輸出給予相當的重視。其

實，很多企業對於在網路上與粉絲溝通並不重視，因此互動的內容通常也沒有經過深思熟慮，很可能是由負責該項工作的員工隨意發布。當網紅企業代表企業出現在網路中後，尤其當網紅企業的粉絲數量變得可觀時，這種隨意性的互動與內容發布就要明令禁止。要知道，網紅與粉絲互動，在內容上都要經過深思熟慮，隨意的言行很容易成為粉絲吐槽的把柄。

如今在社交媒體上，對內容的接受度已經明顯分層，分層的標準是粉絲需求的口味。例如，搞笑橋段、情感話題等內容往往擁有非常多的粉絲，這是由粉絲需求的口味造成的，擁有這種口味的粉絲不喜歡嚴肅話題，對網路上傳播的內容也不會想得太深入，他們只是為了透過這些內容得到精神的釋放，一旦這些內容讓他們獲得了快樂，或者引起了他們的共鳴，就很容易被他們分享和傳播。當網紅的內容越來越火紅時，就會形成滾雪球效應，獲得越來越多粉絲的關注。所以從經驗上來講，輕鬆娛樂型的資訊內容會更容易被粉絲接受，傳播的效果也比其他類型的內容要好得多。

高品質的內容輸出對企業網紅而言至關重要。古人曾說「言多必失」，在網紅的世界裡，必須要做到的是「言多不失」，除了提升發言的品質外別無他法。

內容輸出頻率

網紅保持內容輸出的持續性並不是盲目地隨意輸出，在輸出頻率上要經過精心的設計。對於粉絲來說，當然是給予他感興趣的訊息越多越好，但是網紅作為內容的創造者不可能無窮無盡地提供高品質的內容，因此掌握輸出頻率就顯得尤為重要。

美食部落客「小雞」，是美食頻道的人氣之星，他的走紅方式是把各種讓網友嘴饞的美食製作方法用最輕鬆的方式，用幽默搞笑的方式分享出來，再配合各種到位的表情與語言，讓廚藝成為一種個性化娛樂。8 個月的時間內，他在影片平臺上共拍了 233 個影片，所拍的影片被人喜歡過的次數超過 123 萬次。同時，他還以每周兩次的頻率在平臺上直播做菜。「小雞」目前的粉絲數量超過 200 萬。

透過網紅「小雞」的更新數據我們可以看到，他的內容輸出頻率接近每天更新。其實大部分靠內容起家的網紅在走紅初期，內容輸出頻率幾乎都是每天一次到兩次。這是因為在網紅累積粉絲的初期，需要依靠內容輸出來「聚粉」，每天的定時更新一方面為網紅帶來持續的曝光，吸引更多關注的人；另一方面有助於幫助粉絲養成收看習慣，建立起粉絲對網紅的依賴性。

當網紅已經累積一定數量的粉絲後，在內容輸出的頻率上則可以適當延長，比如 2 至 3 天進行一次發布。這是因為在粉絲與網紅的關係相對穩定後，隨著粉絲對網紅的了解更多，他

們對網紅也會變得更寬容一些，在等待網紅內容輸出的時間間隔上具有了一定的彈性。但是，一定要注意，即使在你已經擁有了數量龐大的粉絲時，對粉絲的內容輸出仍然不能間斷，其頻率仍然要保持在較高的次數，一旦你在一段時期裡「沉默失語」，那麼等待你的就只有「掉粉」的結果。

YouTube 上有一個特別有名的網紅叫 Tyler Oakley，這個 1989 年出生的網紅主要做脫口秀類型節目，他基本上的內容輸出頻率是平均三天就要有一次，而且內容輸出的形式非常多元。他有一個自己的頻道，每周要在上面固定上傳兩期節目，他還和很多 YouTube 上的其他網紅有過合作，同時他還出版了自己的書及網路電影。除此之外，Tyler Oakley 還參加了許多著名節目，比如 NBC 早間新聞類型節目《今日秀》(*The Today Show*)、《周六夜現場》(*Saturday Night Live*)、《艾倫秀》(*The Ellen Show*)，甚至包括很多電影節、電視節也都會有他的身影，他還會定期舉辦網友見面會。作為一個真正以脫口秀和個人魅力為主打內容的網紅，每一次曝光其實就是一次內容的輸出。Tyler Oakley 的粉絲基本上每三天就能看到他的新影片，這個頻率比許多人見自己的父母甚至身邊的親朋好友的機會和頻率都要高得多。持續地讓自己出現在粉絲面前，讓粉絲產生了你像是好朋友一樣的感覺，這便是網紅 Tyler Oakley 的成功之處。

　　在內容輸出達到一定頻率的同時，你還要逐漸增加互動輸出的頻率，即在與粉絲直接互動上分配一定的時間。互動輸出能夠讓你的影響力直達粉絲，是增強粉絲黏著度的最好方法。一般網紅們會透過回覆留言、直播回覆等一系列方式來與粉絲進行直接互動。

多平臺內容傳播

　　如今的網路社交已經發展成為成熟發達的體系，各種不同類型的社交平臺在網路上共存，在前文裡我們曾經逐一為大家介紹過。不同類型的社交平臺其特點、優勢有所不同，因此對於內容的呈現形式與互動方式也會有所不同。基於此，粉絲們會依據自己不同的喜好與使用習慣選擇適合自己的社交平臺。這樣一來，社交平臺對於粉絲的分流效果就非常明顯了。

　　網紅在某一個社交平臺上由於輸出了粉絲喜歡的內容，從而在這個平臺所屬的粉絲裡吸引了一定數量的粉絲，我們只能說他／她獲得了局部的成功，僅僅是在這個社交平臺上脫穎而出，但還遠遠不足以讓這個網紅蛻變成「超級網紅」。在如今這個社交媒體橫行的時代，好的內容固然重要，但想讓內容形成真正的影響力，那麼內容的通路推廣能力就顯得更加重要。只有增強這種通路推廣能力，才能增加網紅生產出的「好內容」引起整個網路大範圍傳播的機率。因此，超級網紅都深知多平臺

內容推廣的重要性，他們會同時攻占不同類型的社交平臺，從而獲得單一平臺無法比擬的傳播效果。

其實，網紅們之所以會這樣做也是迫於無奈。與從前新聞內容的轉載效果不同，那時候一條新聞只需要被知名入口網站轉載，就能夠引發非常好的傳播效應。而如今，每個媒體平臺都在建立自身的生態圈，希望把平臺的用戶圈在自己的平臺上，因此平臺與平臺之間的壁壘效應越發明顯，這就導致訊息的傳播互通變得越來越困難。一條訊息大多數時候只能在所發布的自身平臺上傳播，那麼其影響力就非常有限。如果這條訊息能夠同時發布到不同的媒體平臺上，透過這種方式引起更大範圍、不同特點用戶的關注，那麼傳播的效應就更可能會形成。這就是網紅多平臺內容傳播的初衷。

透過那些超級網紅的發展軌跡，我們能夠看到他們在不同社交平臺上進行粉絲聚合的效果是不同的，有的成功，有的效果並不明顯。

小 p 起初在 FB 上上傳影片，但運作了很長時間後，並沒有引起特別大的關注。之後，小 p 開始轉戰 IG、直播間等平臺，生產的影片內容也不斷更新進化，之後她將聲音進行變聲處理，內容話題和風格進一步蛻變，才開始在這些社交平臺上迅速累積大量粉絲。然後，小 p 又重新利用 FB 形成傳播效應，同時在社交平臺上繼續完成粉絲聚合以及話題傳播，最終獲得了

巨大的成功。

　　類似小 p 的成功案例其實還有很多，他們成功的一個共同之處就是都經歷了一個把內容輸出到多個社交平臺，從而吸引了更多人的關注，然後再透過挖掘傳播點，實現更大範圍傳播的過程。在此之前，網紅其實都經歷過一段爆發前的醞釀期，從網紅開始在某些社交平臺上累積粉絲，實現小範圍傳播，到經過不斷的內容輸出，吸引到平臺的更多粉絲，創建出了自己的粉絲。當粉絲達到一定數量的時候，網紅就會想方設法去擴大傳播範圍，從而形成在整個網路中的網狀傳播或交叉傳播。

曝光必須與產品密不可分

　　如果深入觀察網紅的變現模式，我們便能夠看到這樣一個特點：任何變現模式都是內容與產品結合而成的，單純的內容輸出或者單純的產品輸出都不能實現網紅的變現。以前文我們介紹過的網紅主流變現模式為例，電商變現依靠的是網紅把產品植入內容中，引導粉絲進入電商店鋪從而實現變現；廣告變現更是把廣告植入內容來實現的；即使是贊助變現，也是依靠網紅不斷輸出內容獲得粉絲認可而形成的變現模式，而網紅在內容輸出中同樣會不時地引導粉絲去為他「贊助」。

　　網紅企業存在的意義除了企業形象品牌的宣傳外，最根源

的目的同樣是為了給企業帶來某種程度的社交資產變現，因此，在運作網紅企業實施內容輸出的時候，就必須與產品緊密結合。

尋找網紅企業與產品之間的結合點

網紅營運的本質其實是透過網路社交媒體與粉絲進行持續的互動來建立網紅個人化的品牌，從而依靠品牌黏著度最終實現社交資產的變現過程。這是一個從訊息到人再到產品銷售的過程。因此在打造網紅之初，就要找到其與變現產品之間的結合點，這樣在網紅個人品牌建立起來後轉入商業變現時才不會讓粉絲覺得突兀。

從前文的很多案例中，我們都能有類似的感受。例如，那些依靠服飾電商實現變現的網紅幾乎都是時尚服飾達人，平時依靠分享穿戴搭配與粉絲建立起連繫。他們所塑造的「服飾達人」形象與產品高度契合，從而在粉絲心裡植入了網紅個人品牌化特徵，這種做法被證明非常有利於產品變現。

由此可見，網紅產品的變現本質就在於找到產品與網紅個體之間的結合點，透過挖掘網紅與產品之間的一種和諧的共性，來推動商業變現的產生。

企業打造網紅企業時要把這一因素考慮進去，這就要求在網紅企業的定位上要與產品特徵具有一致的互通性，企業可以

從網紅企業的個人化魅力、職業特長、語言技巧、粉絲特徵等角度，把產品定位、產業類別、產品特徵、產品形象等產品要素與之結合，找到或設計出網紅企業與產品之間的共性，最終實現兩者的契合。

尋找產品與內容之間的結合點

網紅與產品結合的另一個方面是找到產品與內容之間的結合點。內容是網紅生產出的、用來對粉絲施加影響的工具。那麼，毋庸置疑，網紅個人品牌形象構建就需要內容來實現。同時，在這一過程中，內容還承載著與產品相關聯的作用。產品的基本特性、外形包裝、優勢特色等也同樣需要透過內容來傳達。肩負著這樣的使命，網紅就要找到產品與內容之間的結合點，在不影響個性品牌形象的前提下，把產品相關資訊植入到內容中去，在無聲無息中滲透給粉絲。

想要做到這一點，你可以生產出與產品匹配度高的內容。例如，小米公司經常採用的社交平臺內容輸出方式是發布關於手機使用技巧的互動內容，這些使用技巧的截圖裡用的都是小米手機。這樣的內容既對用戶使用手機產生了幫助，同時也不知不覺地傳遞出小米公司產品的資訊。

對於有實體支撐的企業，也可以透過場景化的幫助來傳遞產品資訊。所謂的場景化就是賦予產品特定場景的屬性。例

如，同樣是咖啡，被賦予商務屬性的是星巴克。在這種場景化理念下，網紅透過構建場景化的內容，可以潛移默化地實現產品的推送，這也是很好的內容與產品結合點。

最後，網紅還可以結合才能與經驗在面對粉絲進行直接表演時植入產品，這種方法在直播或影片領域被運用得最多。例如，曾經有一位線上直播平臺的網紅在直播過程中一直展示如何使用刮鬍刀，表演結束後該網紅放出了這一品牌刮鬍刀的連結，結果得到了直播間粉絲的熱烈支持。同樣地，旅遊產業的網紅在戶外直播裡也經常會根據場景植入諸如自行車、自拍棒、手套、背包、帽子等戶外用品。這些在內容中嵌入產品資訊的互動行為往往都會取得不錯的效果。

尋找合適的產品資訊輸出方式

儘管網紅的訊息輸出需要與產品密切相關，但這並不意味著網紅的每一支影片、每一條訊息都要與產品有關。這是因為，網紅在粉絲心中的形象絕對與商業無關，在一定程度內粉絲會出於對你的好感而接受你對他談起有關商業產品的內容，但並不代表你每次見他時句句不離產品他就不會發火。網紅與粉絲的交往實際上更多地是從愉悅身心的角度而來，隨著交往時間的延長，會衍生出好感、依賴等情感類型。過於頻繁的產品資訊輸出方式會給粉絲造成負擔，破壞這種好感、依賴的正面情感。

　　頻繁的產品資訊輸出會讓粉絲產生反感情緒的原因在於：首先粉絲會感覺被欺騙了。試想當粉絲正在欣賞網紅輸出的內容時突然再次看到內容中產品的推介訊息，他自然就會產生被網紅欺騙的感覺，大多數人都會這麼想：「我是因為喜歡、信任你才這麼專注地看你發表的內容，然而你卻利用這種關係一次又一次地向我來推薦無聊的產品。」當粉絲產生類似的感覺時，你的產品資訊不但不能對他產生促進購買的影響，反而會損失網紅的個人品牌形象。

　　同樣地，粉絲還會產生這樣的心理：大部分粉絲在欣賞網紅輸出的文章、影片等內容時，其實都在期待看到網紅所創造的精彩的橋段與故事。但如果他們沒看到這些內容，反而總是網紅對產品的推介與廣告，那麼粉絲多數會萌生受到損失的心理，進而可能會產生憤怒的情緒。

　　大多數網紅在與粉絲互動時都會表現出和粉絲打成一片的狀態，網紅也希望藉此拉近與粉絲之間的距離，粉絲也自然希望能夠與網紅之間建立這種近似平等的關係。然而，當網紅的產品資訊被重複輸出後，粉絲便不會把網紅看成他的「同類」了，而是會生出「他／她已經成為商業走狗」的情緒，雙方因情感共鳴而產生的平等關係面臨著被打破的危險。即使是網紅企業，一旦擬人化後，粉絲就不會把他當作企業的代言人，人性化特徵讓他在粉絲心目中化身成人。因此，一旦產品內容輸出

過火，網紅企業也會面臨上述的困境。

　　那麼，網紅如何才能找到合適的產品輸出方式呢？首先是必須避免赤裸裸的產品內容輸出。在內容中，產品內容方面的資訊不能單獨輸出，要搭配網紅招牌式的、符合粉絲胃口的內容一同輸出。這樣做的好處是，如果搭配巧妙，使產品資訊不會顯得突兀，那麼粉絲就不會產生牴觸情緒；另外，即使被粉絲發覺，他們也會因為得到了一些網紅為他們準備的「菜」而不會特別在意「湯」是否可口了。

　　除了上述方法外，網紅還會運用「福利」的糖衣炮彈來回饋粉絲，抵消過於產品化、廣告化的訊息帶給粉絲的負面情緒。例如，網紅「小馬」就常常在密集發布過產品內容或廣告後，透過有獎轉發機制，贈送粉絲一些獎品作為「福利」來補償粉絲受到的「心靈創傷」。對於這種做法，粉絲也會樂於接受。

　　網紅通常還會採用定時發布產品資訊的方式來提升粉絲們對這類訊息的接受程度。例如，某書店官方帳號會每天發送 60 秒語音，並且在固定的每個周五都會推送一本店裡賣的新書。這種定期推送產品資訊的方式其實是在養成粉絲對內容推送形式的習慣，將這部分產品內容視為網紅創造內容的一部分，這樣接受起來就理所當然了。

　　綜上所述，企業打造網紅作為其在社交網路裡的代表，其實是企業走向擬人化、走到用戶身邊的一個非常好的方式。網

紅企業擁有企業在專業領域和資源上的優勢，相比於普通的網紅個體更具粉絲競爭力。但網紅企業也有自己的侷限性，比如不能像個人網紅那樣隨意發表言論，在內容生產上也不具備個人網紅隨時調整的能力。儘管如此，網紅企業作為企業介入網紅經濟的媒介，不僅為企業打開了網紅經濟大門，並且能夠為企業帶來更多網路社交資產，這些資產將成為企業經營發展的堅實後盾。

　　在目前的網紅經濟中，網紅企業已經嶄露頭角，為一些企業帶來了網紅經濟的「蛋糕」，但更多的企業還站在網紅經濟的門外，我們希望透過本書的相關章節幫助企業卸下負擔，大膽進軍網紅經濟，並從中獲得收益。

第八章

網紅企業修練課程（二）

　　上一章我們從企業自身培養網紅的角度分享了一些實用的方式方法。對於企業來說，如果採用自身培養的策略從零開始，一方面週期相對較長，另一方面必須為此建立專業團隊，發掘網紅經濟與企業品牌、產品、文化的結合點，從這個角度來說對於企業的要求相對較高。因此，為了儘快利用網紅優勢助力企業發展，很多企業開始尋找捷徑，並找到了一些快速制勝的方法，本章我們就來給大家分享。

依靠資本

　　與自我鍛造網紅相比，利用已經成名網紅的影響力與現成的粉絲直接為企業帶來效益的方式更加省時、省力。從 2015 年開始，有關網紅經濟的新聞中就不斷出現資本介入的消息，從另一個側面證實了採用資本植入的方式圈地網紅是掘金網紅經濟的快速方法之一。

　　國外曾經有個新聞，「XX 網紅獲得了 1,200 萬融資」的消息，這一事件無疑是資本強勢介入網紅經濟的象徵性事件。這一事件表明：網紅經濟的發展前景被看好，網紅的商業價值已經被承認。並且，經過十幾年的發展，隨著網紅不斷更新換代，網紅經濟的發展模式、商業操作模式，以及產業鏈的構建已經相當完善，這就給了企業與資本介入的契機。

資本投資

　　資本投資是快速進入網紅經濟的一種方式。它是企業直接對已經成名的網紅進行投資，用資本的力量把網紅與企業綁定在一起，持續擴大網紅的社交優勢與影響力，最終從網紅身上獲得更多的商業回報。

　　資本之所以會投資網紅，一方面是看重網紅的影響力，另一方面則是看重網紅獨有的擴散效果極佳的傳播方式。反映網紅影響力的直觀數據就是粉絲數量或追蹤訂閱數，作為網紅個人的社交資產，粉絲數量越龐大越能夠體現網紅潛在的商業價值。而網紅採用的傳播方式是基於新媒體的特性，透過話題、爆點來吸引目光，然後在新媒體社交平臺上實現擴散。

　　由於網紅的特長在內容創作層面，對商業化運作與行銷並不擅長，因此與資本的牽手也剛好符合網紅的本意。我們可以把這種形式看作錢與影響力的結合，接下來只需找到合適的商業價值兌現方式就行了。

　　國外擁有 500 多萬粉絲的網紅「大叔」獲得 A 輪數百萬美金的融資即將完成，他的個人資產估值已經超過了 2 億元。

　　從上面的案例中我們可以看到，資本投資網紅的聲勢正在擴大，「超級網紅」們紛紛得到資本的關注，展現出了網紅經濟的巨大吸引力。資本投資網紅的方式可以分為幾個不同的類型。一種是直接投資網紅本體，看重的是網紅創意化內容的生

產能力與粉絲影響力；另一種則是透過投資網紅出品的項目來間接投資網紅本體的方式。

直接投資網紅本體的方式是與網紅進行全方位合作的一種模式，這種模式對雙方來說黏著度更大，同時對商業化收益的分配更為徹底。採用這種模式，資本方需要對網紅個人商業化能力與未來商業化拓展能力進行綜合的考察，其中包含網紅的內容創造能力、變現能力、粉絲的黏著度、忠誠度、轉化度等。

在採用這種投資方式時，資本方需要承擔一定的風險。由於網紅的變現能力過於依賴粉絲，而粉絲對網紅的好惡變化不需要付出任何成本，因此一旦因營運不當導致網紅「掉粉」，這種投資就將面臨回報率受損的風險。此外，網紅的持續內容生產能力也是考驗投資效果的關鍵因素。對那些依靠內容獲得影響力和粉絲關注的網紅，長期持續的品質內容生產能力是其獲得粉絲黏著度的最直接方式，一旦內容品質下降或內容發布頻率變長，都會對粉絲黏著度與忠誠度產生負面影響，這也是資本必須要考慮的風險因素。由於網紅的「草根」屬性，其言論和行為個性化色彩明顯，因此更容易暴露負面資訊，這些負面資訊的出現對網紅形象的影響很大，因此這也是資本投資的潛在風險之一。

透過投資網紅出品的項目來間接投資網紅本體的方式也是資本採用的投資網紅方式之一。採用這種方式的前提是網紅需

要擁有具備商業前景的可操作項目，這種方式與創業項目投資類似，最大的優勢在於由於網紅個人影響力與所具備的一定數量的社交資產，初期用戶累積階段已經完成，使項目營運得到了一定的用戶保障。另外，這種方式其實是給資本一個與網紅合作的切入點，透過對項目進行投資來使雙方互相完成磨合，一旦項目成功，則投資還可以深入進行下去。對項目進行投資的模式使資本方對網紅本體的依賴程度不會像直接投資那麼強，投資成功與否主要是看項目本身的營運能力與盈利能力，網紅所充當的其實是對項目的一種保障角色，這就使資本在其中營運的空間更大。

無論採用哪種投資方式，對投資行為本身而言，資本投資網紅僅僅是進入網紅經濟的第一步，隨後的網紅商業化運作才是重點。因此資本在選定投資對象後，更多地需要考慮如何透過雙方的聯手製造出更大規模的影響力，實現更多元化的變現。對於網紅本體投資來說，這就需要從提升內容品質、增加曝光度、持續話題炒作、拓展變現通路等各個方面對網紅進行重新的包裝與營運。重點在於透過資本的力量延長個人網紅的生命週期；阻止粉絲產生審美疲勞；提升普通粉絲到高品質粉絲的轉化效率；提升粉絲變現的變現率；開拓更多元的變現通路，打造網紅的持續盈利能力。而對於網紅項目的投資來說，在關注上述內容的同時，還要注重項目的可操作性、技術能力、營

運潛力、盈利模式及項目實施過程中的即時問題，這些都是為了最終確保項目的成功。

合作代言

專注於投資的資本方的運作思路與企業還是存在很大的不同。從企業的角度出發，透過網紅介入網紅經濟除了投資外，還可以採用合作形式。這對企業來說運作成本較低，時間週期較短，同時效果也同樣不錯。企業根據自己的品牌或產品特點來尋找氣場相符的網紅進行合作，透過網紅將品牌或產品傳播出去，這是最基本的方式。

2015 年歐萊雅以七位數的酬金簽約了瑞士時尚部落客 Kristina Bazan。Kristina Bazan 與男朋友 James 一起創立個人部落格 Kayture，在 Instagram 上擁有超過 220 萬的粉絲。她憑藉服飾搭配功力，吸引了大量粉絲的關注，目前已經成為國際知名的部落客，部落格的照片被大量媒體雜誌所採用，許多國際品牌也邀約代言出席活動。

GAP 旗下的 Banana Republic 也在其發布的旋轉木馬廣告裡讓擁有 250 萬 Instagram 粉絲的時尚部落客 Aimee Song 擔任主角。

倩碧在其行銷活動中啟用了澳洲華裔時尚部落客章凝（Margaret Zhang）和美國部落客 Tavi Gevinson 聯合為品牌代言。

網紅代言方式在國外被運用得非常普遍，許多知名企業都會採用這種方式來與網紅進行合作。它的邏輯在於把網紅綁定在企業的列車上，自然也就相當於把網紅的社交資產 —— 粉絲也綁定為企業的用戶了。代言的方式需要雙方彼此深入了解對方，涉及的商業程序也較為複雜，一旦合作達成，企業在與網紅的合作層面就將享有獨占性，因此而形成的商業壁壘也會對企業的品牌產品推廣形成保護。

在亞洲，也有一些企業品牌採用了網紅代言的方式，讓我們來看下面這個案例。

手機品牌 OPPO 為某款手機拍攝的廣告篇最終選擇了旅遊網紅「小貓」。小貓是環球旅行者同時也是專欄作家、網路人氣部落客。從大學起小貓便陸續遊走日本、韓國、寮國、柬埔寨、泰國、越南、印度、馬來西亞、斯里蘭卡、伊朗、亞美尼亞、納戈爾諾 - 卡拉巴赫、喬治亞、土耳其等國家。她的名言「我只擔心一件事，就是死前還沒把這個世界看完」的話打動了無數粉絲。越來越多的粉絲透過社交平臺跟隨小貓的照片和文字遊覽世界各地，領略各國的人文風情。

OPPO「關於夢想，關於旅行，關於自由，沒有繁瑣的計畫，沒有沉重的負擔，只有最純粹的態度」的品牌訴求與小貓的個人氣質高度符合，這就是 OPPO 邀請小貓拍攝廣告短片的原因。OPPO 品牌看中的就是「夢想」與「遠方」，在廣告中借助

小貓自我剖析與自我獨白的方式，把品牌的理念植入了用戶的心中。

OPPO 品牌與網紅小貓的代言合作的成功之處在於從小貓身上，OPPO 找到了符合品牌氣質的契合點，借助小貓在社交平臺上長期以來形成的個性化形象點燃了品牌的氣質之火，從而使這個廣告片在幾年後仍然被人們津津樂道。

代言方式的效果固然可靠，但企業必須找到絕對符合品牌氣質需求的網紅，這無疑增加了難度；此外，代言更加適合品牌推廣，而對於產品推廣來說可謂「殺雞用了牛刀」，相對較高的成本與過長的流程讓很多中小型企業望而卻步。對於大多數企業而言，與網紅合作更快捷的方式就是由網紅親身出面為企業品牌產品做宣傳。網紅只要在社交平臺上發布關於企業的品牌產品資訊的內容，效果自然就體現了出來。企業採用這種合作方式的目的就是利用網紅的影響力來擴大企業品牌產品的輻射範圍，影響受眾的購買決定。它實際上是一種變相的「兼職雇傭」模式，企業為此支付給網紅合作或代言的酬勞，來換取網紅的粉絲影響力。

這種合作方式已經屢見不鮮，合作的範圍以廣告合作居多，模式一般是企業找到符合品牌氣質的網紅或者直接找粉絲覆蓋量大的超級網紅進行合作，網紅透過自己的社交帳號發布符合企業需求的廣告訊息，然後依照網紅發布的訊息數量結算

酬勞。這種方式的好處在於合作靈活，雙方在契約執行層面分歧較小，企業付出的成本較低；企業的合作方不必侷限於某一個網紅，可以與多個網紅達成合作，擴大品牌產品推廣的範圍；企業透過這種合作讓品牌與產品直接繼承網紅的影響力，訊息推送的目標範圍精準且徹底。當然，有利就有弊，採用這種方式，推廣的持續性不強，多為一次性買賣，另外由於網紅發布廣告的植入技能不同，因此粉絲對廣告的接收程度就會有差異，這也成為影響效果的一個因素。

布局產業鏈

除了直接與網紅進行合作外，企業資本進入網紅經濟還開闢了其他道路。隨著網紅產業規模的擴大，布局網紅產業鏈的上下游也成為一種選擇。

在前面的章節我們已經詳細拆解過網紅經濟的產業鏈。無論是網紅經紀公司還是培訓公司，無不顯現著企業資本的身影。

A 公司是一家專注於服裝設計，同時根據客戶要求對設計款式提供配套合作生產的企業。公司透過投資全球時尚設計生態圈項目，希望在未來建設一個「網紅」設計師培訓平臺。生態圈透過整合全球設計師、網紅、買手、供應商、生產企業、消費者等各個角色，打造時尚成衣，並透過銷售平臺進行銷售。

某演藝公司在 2015 年收購影片社交網站和線上直播平臺，

同樣也可以被看作該演藝公司藉此介入網紅經濟的直觀表現。

　　網紅經濟連接著多個產業，如醫療美容、電子競技、電子商務、傳播媒體、媒體內容製作、服飾服裝等，它的崛起必然會給這些相關產業帶來更多機會；同時，在網紅經濟產業鏈的上下游，同樣也關聯著很多產業，包括製造業、物流運輸、電腦硬體與軟體產業等，這些產業同樣也會迎來更多的發展機會。因此，對於企業來說，布局網紅經濟產業鏈同樣具有很大吸引力。

　　上文的案例都是一些大型企業布局網紅經濟產業鏈，那麼對於中小企業來說，即使不具備大企業的資本、資源優勢，也同樣可以從自己的角度出發，與網紅經濟結合。例如，中小企業可以透過與上游經紀公司合作的方式把自己的電商平臺嵌入網紅培育體系，透過提供下游平臺來實現與網紅的合作，進而在網紅經濟中打通上下游流程，獲得收益。

　　綜上所述，依靠資本的優勢與企業資源的優勢，是企業掘金網紅經濟的速成法之一，透過直接與網紅合作或在產業鏈中找到布局點，企業能夠實現在較短的週期裡進入網紅經濟的目的。至於介入成本的高低與對介入效果的評估，就需要企業根據自身發展狀況來制定相應的策略。

借助聲勢

在企業與網紅之間，除了直接合作外，還有其他的連結方式，「借勢」就是其中之一。分析網紅的特點我們會發現，網紅所產生的最大效應就是「共振」。當一個話題經過網紅傳播後，往往會形成連鎖反應，粉絲、網友都會加入進來發表自己的觀點與看法，這時訊息已經超出了單向傳播的範圍，而變成多向網狀傳播。在這個過程裡，企業可以加入其中，藉話題之勢形成自我傳播，也可以利用網紅的傳播優勢增強借勢的效果。

2015 年 12 月 1 日明星郭富城在部落格上晒出了一張在車裡兩手相握的照片，迅速引起了無數網友們的追捧，讓他迅速成了網紅，「郭富城新戀情」的話題熱度席捲整個網路。這張照片也勾起了普通網友、網紅、明星們的模仿興致，從該文章發出後的第二天開始，模仿照大規模出現，在此後的一段時間內，這一話題的傳播持續發酵，其點閱量輕鬆過億。在這個熱門事件風靡網路的過程中，很多企業也加入了進來。

郭富城發布之後，杜蕾斯官方帳號沒有直接使用原照片，而是採用剪影把圖片做成安全的提醒標誌，同時內容採用郭富城知名歌曲的歌詞，與杜蕾斯品牌緊密地連繫在一起。

「借勢」看似簡單，其實是一個很有「技術含量」的行為，企業想要成功借勢需要注意以下幾點。

掌握跟進時機

　　企業首先要注意借勢跟進的時機。一般情況下，網路話題的熱度時間都非常有限，在短短的幾天內迅速做出反應，才能讓企業搶占傳播的高點，讓「借勢」發揮最大的傳播功效。

　　在企業借勢的玩法裡，掌握時機有重要意義。為了做到這一點，企業首先要有對熱門話題的敏銳嗅覺，具備在第一時間發現話題的能力。這就要求企業必須經常關注新聞排行、話題排行，因為大多數熱門話題都會在這些地方出現。除此之外，企業還要具備一定的話題預測能力，比如競技體育比賽的冠軍預測、高影響力頒獎活動的獲獎預測等，透過預測來提前鎖定熱門話題，設計借勢方案，確保在結果出來後做到第一時間搶占借勢制高點，避免淹沒在一片借勢跟風的浪潮中。

找到借勢結合點

　　企業在採用「借勢」策略時，成功的核心要素就在於準確找到自身與借勢對象之間的結合點，讓借勢顯得順理成章、自然而然。

　　國外某建設公司成功借勢美國矽谷網路預測大師、超級網紅凱文‧凱利（Kevin Kelly）的方式別具一格。

　　凱文‧凱利是美國著名雜誌《連線》（*Wired Magazine*）的創

始主編，網路業界都親切地稱其 KK。凱文‧凱利在其 1994 年出版的《釋控：從中央思想到群體思維，看懂科技的生物趨勢》（*Out of Control: The New Biology of Machines, Social Systems, and the Economic World*）一書中提到的很多未來技術，如 WEB2.0、比特幣、P2P、社交媒體等在過去的 20 年間都被一一實現。因此凱文‧凱利也被看作網路界的預測大師而受到無數粉絲的追捧。

藉助凱文‧凱利舉辦座談會的機會，某建設公司透過提供場地使用的方式承接了凱文‧凱利座談會後與科技業 CEO 舉辦私密午宴及粉絲見面會、暢銷書《必然：掌握形塑未來 30 年的 12 科技大趨力》（*The Inevitable: understanding the 12 technological forces that will shape our future*）的簽書會。

由於近兩年網路創業如火如荼，湧現出了一批年輕的網路及科技公司 CEO，而該建設公司的精準客戶正是 CEO 級別的客戶，因此透過借勢網紅凱文‧凱利把這些目標客戶吸引到建案進行現場體驗，可以說是一次成功的借勢網紅的行銷行為。

該建設公司借勢凱文‧凱利的成功之處在於，把自身建案成功植入了凱文‧凱利座談會的系列活動之中，利用凱文‧凱利的個人吸引力成功綁定了精準的目標客戶，這種借勢行銷的思路值得學習。

2016 年初，國外一位明星偶像在部落格上晒出了一張自

己與郵筒合影的照片，畫面中的路牌向粉絲們透露了郵筒的位置，於是這個郵筒一夜爆紅。隨後郵政官方帳號轉發了這張照片後，閱讀數超過 200 萬人次，內容被許多名人相繼轉發。

僅僅三天後，郵政公司便迅速以個人名義註冊了「網紅郵筒君」的帳號，隨後的一系列圍繞「網紅郵筒」開展的活動讓郵政公司的借勢傳播達到了巔峰。例如，隨後幾天恰逢明星的生日，於是郵政公司及時推出了「網紅郵筒」個性化明信片和配套紀念戳章，並在線上和實體通路一起銷售。在明星生日的前一天，郵政公司首先在網上發起了兩場秒殺活動，獲得了粉絲的關注，隨後在明星生日的當天，明信片在郵政分局開賣，效果可想而知，此舉對粉絲的吸引力極大，2,000 枚明信片在不到 2 小時內全部售罄。

郵政公司對「網紅郵筒君」事件的反應速度可謂神速，它利用郵政與郵筒的緊密連繫不僅第一時間借勢傳播，更在隨後的事件發酵期內，透過為網紅郵筒註冊社交平臺帳號、開發個性化郵政產品等方式進一步推動了事件的延續，同時也為企業贏得了更多關注。

其實對於「借勢」而言，我們更應該從「順勢」的角度去理解。企業在傳播的時候要順應話題，把話題與自己品牌產品的核心價值結合，從這一點出發去設計傳播內容，才能實現真正的「借勢」效果。如果遇到話題就盲目地跟上去摻和，反而會落

得不倫不類，無法達到借勢傳播的目的。

因此，企業應從自身的產業出發，根據品牌氣質、產品特徵、目標客戶的接受程度來區分話題借勢的形式與類別。例如，對於傳統品牌企業而言，以明星花邊軼事為題材的熱門話題盡量不要去跟進，否則很容易傷害品牌形象。其實，借勢的目的雖然從傳播的角度看是讓企業品牌產品獲得更好的傳播效果，但其核心還是應該落在用戶身上，透過借勢的方式增加用戶對企業品牌產品的認知度與好感度，這才是企業在借勢背後最希望得到的效果。

借勢內容的創意設計

針對熱門事件和企業自己的品牌產品，透過精練的文案賦予它們高度的匹配性，是借勢話題時必須具備的核心技能。這也是企業「借勢」能否出彩的關鍵點。

我們再來看看下面這個案例。

迪士尼出品的動畫電影《動物方城市》上映後不久，片中的配角樹懶先生就成了新一代網紅。於是，國外某家電品牌就藉此上演了一出借勢傳播的好戲。

「懶」是樹懶最大的特徵，該家電品牌洗衣機就藉此在自己的官方帳號上發布了這樣的文案：「動物方城市裡的樹懶最近實力成長，因為懶出一片天成了網紅，我覺得，就憑內衣、外衣

一律都扔給子母機免清洗，自己從不動手，我也會有成為網紅的一天。」這條訊息裡提到的「子母機免清洗」洗衣機是家電品牌的新晉主打產品，該產品雙桶的設計可以滿足內外衣同時清洗的需求。家電品牌發布的內容正是從樹懶「懶」的角度出發，巧妙引入高效的洗衣機可以讓用戶更懶的概念，與樹懶的「懶」相呼應，加上「網紅」這個熱門詞，營造出一種輕鬆活潑又有趣的閱讀感受，網友閱讀後的聯想延伸也在自然而然之間指向產品，這次借勢內容可以說非常成功。

　　從上面的案例我們可以看出，好的創意內容對企業借勢傳播可以造成決定性作用。因此，想要做好借勢內容的設計，企業首先需要了解熱門話題傳播的一些規律。

　　在網路社交潮流風靡的背景下，社會化媒體平臺是熱門傳播的主要媒介，因此它也就成為企業借勢發揮的主戰場。既然如此，那麼對於企業來說，在社會化媒體平臺上借勢傳播自己的品牌或產品就只有製造創意性的內容，並且把內容透過更多的傳播通路傳播出去。

　　在藉助熱門話題製造創意性內容方面，首先，企業要了解在內容設計的形式上，隨著自媒體的出現，內容呈現形式已經不僅侷限於傳統的文字、圖片、動畫等，更增加了短影片、語音、微電影等更多種類的形式。因此，企業也需要與時俱進地去適應用戶新的閱讀習慣。其次，在內容創意上，企業要製造一種既符合

借勢條件、不會讓用戶產生排斥，又能滿足媒體傳播需要的創意內容，這需要在創意時考慮到內容導向、情緒感染力、共鳴因素等各個層面。企業的內容創作要秉持著以下的標準：

- 適合不同類型的傳播通路；
- 內容表現的手法要呈現趣味；
- 內容關注的焦點要具有深度；
- 內容的表達方式要貼近生活；
- 對熱門話題的解讀要標新立異；
- 內容要適合於大眾參與傳播；

借勢傳播以內容為主體，企業切記不要圖省事僅僅在熱門事件裡加入企業的元素就當成借勢，這種投機取巧的方式並不能真正引起有效的傳播，反而會給網友帶來反向感受，對企業的品牌產品傳播並無好處。因此，企業還是要對借勢熱門話題進行二次創作，把熱門的原素材作為創作的元素之一融入創作的內容之中。

在傳播通路上，企業除了運用自己的自媒體與社交平臺帳號進行內容傳播外，還可以藉助在內容傳播層面具有不可比擬優勢的網紅來幫助企業實現更多通路的內容傳播。網紅甚至可以在企業借勢的層面再助推一把，讓企業的借勢實現二次甚至三次傳播。

　　目前，社會化媒體的海量資訊中充斥著大量的垃圾訊息，而相反的，有價值性的創新型內容卻非常稀缺。因此企業借勢熱門事件進行創意的內容如果品質加乘，不僅能夠贏得粉絲的關注，還可以獲得媒體的青睞。這是因為無論是圖文形式還是影片形式都可以為媒體帶來高品質的原創內容，基於這一點，對媒體來說是非常歡迎的。好的創意內容在某種程度上甚至能夠促進企業與媒體之間的合作關係。如果媒體認可了企業的創意內容生產能力，那麼也會相應地用更好的媒體資源去對應這些創意內容，無形中幫助了企業的傳播。

　　從另一個角度來看，其實借勢的過程也是企業累積用戶的過程。表面上看，借勢熱門話題是企業在媒體舞臺上的自說自話，但實際上只要有觀眾，那麼自說自話也就變成了傳播。企業是在透過這樣的方式傳遞品牌與產品的氣質、品格和境界，這樣的方式一定會為企業吸引具有相同氣質、品格、境界的粉絲的關注。當企業持續輸出高品質的創新內容時，其實也就在不斷實現用戶的累積與匯聚。因此不要僅僅把借勢熱門話題看作是一次幾天就會過去的傳播行為，而應該把這種形式當成企業網路傳播推廣中一項可持續的工作。

領袖魅力

　　網紅的影響力如今已被公認，致使很多企業都在想方設法在行銷推廣的層面藉助網紅的力量，其中有一條既簡便又快速的方法，那就是發揮企業領袖的個人魅力，把企業領袖打造成一方「網紅」。

　　國外一名電器事業董事長兼總裁可以說是知名度很高的女企業家。她具有標準的「企業家網紅」風格，不僅親自在電視上為自家產品代言打廣告，還開設自媒體平臺，在發布的手機產品的開機畫面中出現……憑藉著超高的曝光率以及犀利的話鋒、鮮明的個性，該企業家不管在哪裡出現，都能引發話題和關注。

　　隨後該企業家的「網紅」氣質被徹底激發，2016 年初自媒體上線，旨在打造企業家和社會各界人士交流的平臺，召喚其他企業家來共同發聲，共同交流。該企業家表示，「希望能夠與大家在線上共同討論，用不同的方式互相交流、互相學習，讓企業在交流中學習先進的東西，讓更多的品牌能夠成長。」她將在自媒體上，與各行各業的人分享自己的經驗、觀點和感悟。

　　在經過了一系列熱門事件後，該企業家無疑成為最知名的「企業家網紅」，難怪她在接受採訪時表示，「如果我是網紅，更多是因為我的公司成為網紅。」

　　從上面的案例我們可以看到，該企業家成功地將自己打造成了「網紅」。而「網紅」這一角色已經成為當下這個時代最具潛力和最重要的影響力傳播者，透過網紅強大的個人號召力與傳播作用，無疑能夠幫助企業實現品牌產品的推廣傳播，從而得到直接的變現。

　　企業領袖透過新興的自媒體平臺為企業擴大影響，其輸出的內容可能包含宣揚企業文化、推薦企業產品、分享個人經驗等。作為企業的形象代言人，企業領袖向網友輸出的內容即使廣告色彩強烈，也不會引起粉絲的牴觸，誰讓人家本身就是企業的「大 boss」呢！從這一點來看，企業家的身分反而有助於企業家網紅施展行銷技能。

開啟網紅基因

　　對於那些早已知名的成功企業家而言，想要成為網紅是非常簡單的事，他們大多只需要改變一下與大眾溝通的方式即可。比如上面案例裡的女企業家，帳號一開通便馬上吸引了粉絲的關注；再比如小米公司的董事長雷軍，一場直播坐下來也馬上被冠以了「網紅」的頭銜。

　　那些知名的企業領袖與網紅身分之間其實存在著某種隱性的連繫，一旦這種連繫被開啟，企業家網紅就會迅速誕生。而開啟這一連繫的方式有很多種，主動開啟的案例也有不少。

2016 年 4 月，國外某教育集團 CEO 總裁與影片平臺聯合推出了一檔 24 小時直播節目。這個已經名聲在外的成功企業家透過這檔節目把自己打造成了當時最知名的「企業家網紅」。

節目採用從 4 月 11 日到 20 日共計 10 天 240 小時連環直播的方式，以 CEO「夢想之旅」為主線，一路共途經 10 座城市。作為節目的「男主角」，CEO 在這次歷時 10 天的直播裡帶著網友深入感受了城市的美景、美食、人文風貌，並與 10 座城市的青年學子展開對話，尋找小城人物的大夢想。

這次直播讓網友們看到了一個「真」的 CEO，其更是在直播過程中與網友不斷互動，不僅回答網友的提問，還響應網友的需求玩 360 度自拍，並依網友的建議去安排行程等，展現出了一個出色的企業家網紅的潛力。

這次嘗試獲得了巨大的成功，節目在直播期間共吸引 569 萬網友在線觀看，產生留言 868 萬條。

對於一個企業家來說，在每一次公開行為背後都會有更深層次的含義，該的直播舉措表面上看是為了跟上時代潮流，其實透過直播重新塑造了企業家個人的形象，進而也帶給大眾一個不一樣的企業形象。

愛秀、會秀才會贏

　　從傳統思維的視角來看，企業家往往給人嚴肅、深沉的形象，這種形象與網紅草根、親民、能說會演的活潑形象相去甚遠。因此當企業領袖搖身一變成為「網紅」，網友將會以網路特有的娛樂視角和娛樂心態來看待他，此時能否入戲，能否透過「表演」征服粉絲觀眾，讓自己成為「超級網紅」，就要看企業領袖自己的本事了。

　　作為「網紅級」企業領導人，國外一名影視集團創始人、董事長兼 CEO「小賈」的粉絲量已經超過 1,418 萬，這個數字簡直比「超級網紅」還要「超級網紅」。這都要歸功於小賈個人的表演功底以及對網路流行趨勢的掌握和運用。

　　翻看小賈社交平臺發布的內容可以明顯看出，內容裡雖然有很多廣告成分，但在語言表達上更親民，同時還很擅長搭配俏皮的表情。這種「萌萌」的感覺正是小賈對網路流行趨勢的演繹，從表現形式上貼近了粉絲的心。

　　小賈的另一個互動法寶便是「哭」。小賈已經不止一次在公眾場合落淚硬咽，憑藉這一手也賺得了粉絲不少理想分數，已經成為招牌的「賈哭」也成為集團與粉絲互動的一大法寶。某一年集團手機發布會的媒體採訪時，小賈談到過去一年的艱辛時一度硬咽：「我們是命運多舛的公司，我過去一年也是如此……難免被誤解，也遭遇各種攻擊和負面消息，我個人去年也遭遇病痛折

磨，但我們不向命運低頭，即便沒有我，團隊依然能夠帶領集團走下去。」全場最高潮的部分無疑是小賈激動得聲音顫抖並落淚的畫面。甚至小賈在其個人社交平臺上的文章裡明白地說出了「今天，當我第一眼看到她（手機）時，當全世界的目光都聚焦在她身上時，我已經完全難以自抑，淚溼眼眶，百感交集」。

隨著網路、行動網路給人們帶來的思維顛覆，很多行為習慣已經改變，網路衍生出了新的人際關係交往方式，甚至對交往的語言和行為也進行了徹底的顛覆。這就使企業領袖們透過網路社交行為「聚粉」的時候，必須對固有的社交行為進行包裝與改變，尤其是在運用網路社交媒體與自媒體的時候，更貼近粉絲接受方式的互動才是最有效的互動，才是最具有網紅基因的粉絲聚合方式。為此企業領袖必須做到：

- 熟悉新媒體社交平臺的互動特性。不同類別的新媒體社交平臺的互動特徵並不相同，熱門的社交平臺都具有自身的特徵，在內容呈現方式與行為表現方式上也各有不同，企業領袖只有對這些特徵都做到心中有數，才能夠熟練運用這些平臺為自己服務，為企業服務。

- 熟悉網路最新最熱門的用語詞彙。網路用語是網路社交互動裡常用的語言，企業領袖在互動時運用這樣的詞彙，一方面能夠表現出自己親民的一面，另一方面也容易與粉絲拉近距離。

· 了解粉絲互動特徵與表達方式。網路社交裡的互動不是單一的一方訴說另一方聆聽，而是雙向交流的過程。因此企業領袖在發表自己觀點的同時也必須聆聽粉絲的聲音。由於雙方在現實生活中的境界、環境、能力等方面的差異，會導致企業領袖對粉絲發聲的理解可能產生偏差，導致互動被破壞。為了避免這一點，企業領袖要了解粉絲互動的特徵與表達的方式，確保雙方的互動在同一頻率下進行。

· 敞開心扉，秀出自我。大多數企業領袖可能並不習慣在社交平臺袒露心聲，這在成為超級網紅的道路上是最大的阻礙。想要獲得粉絲從心裡的支持，企業領袖首先必須袒露自己的心聲。另外，在網路社交舞臺上，愛秀會秀才會贏，才能引來關注，過於矜持、過於嚴肅，都不利於企業領袖達成網路社交的目的。

今天的網路給了所有人一個表現的機會，任何人只要擁有足以吸引目光的表現，而且勇於表現自己，那麼就擁有了成為網紅的基因。企業領袖只不過比普通人多了一些成為網紅的機會而已。之所以把企業領袖與網紅連繫在一起，是由於在這個網紅經濟時代，網紅的出現賦予了企業新的機會。實際上，網紅的本質是個人利用網路製造影響力，形成網友的圍觀效應，最後透過這種影響力來實現流量變現。企業傳統的變現方式中，企業家影響力的因素微乎其微，而網紅的出現把這種因素

加以放大，無疑為企業增加了一條重要的行銷通路。

最早發現這一通路，並且身體力行的是網路公司的創始人們。由於網路經濟只有第一沒有第二的嚴酷生存法則，使他們必須整合一切資源去推動公司發展，所以企業領袖的身分也被開始利用。

隨著網紅影響力的擴大，近年來一個很明顯的趨勢是很多傳統製造業的老闆也開始意識到網紅效應所帶來的好處，企業領袖們都紛紛開通了以個人名字為帳號的自媒體，並開始持續不斷地推送個性化內容，親自與用戶進行互動，傳播個人影響力。企業領袖無形中成為自身企業品牌與產品的代言人，其影響效果甚至超過了那些真正的「明星代言」。

從這些成功的企業領袖網紅身上，我們可以得到這樣的啟示：由於企業領袖的角色相比普通員工對用戶來說更有分量，因此在公眾與粉絲面前企業領袖應釋放出正能量，透過個人魅力對企業品牌與產品施加正面的影響。同時，企業還要高度重視利用社交網路、新媒體進行宣傳，發揮網路社交最大的優勢與能量，向用戶推送高品質的內容。

不得不說，企業領袖本身具有超強的網紅基因，同時也具備普通網紅所不能比擬的專業素養、學歷知識。這些「高素養網紅」的出現成為網紅經濟中別有趣味的一片景緻。

第九章

展望網紅經濟的未來發展

比爾蓋茲曾經說過：未來的內容承載將會數位化。如今他的預言已經成真，新媒體的出現讓網路上充斥著各種社交平臺，電商產業也早已蓬勃發展，行動網路的普及更把行動影片、行動電視送入了人們的生活。伴隨而來的是一種新的經濟模式 —— 網紅經濟。

未來網紅經濟會走向何方，是我們本章需要探討的問題。對於這種新興的經濟形式，它的發展方向與發展潛力將對整個網紅產業以及網紅經濟裡的各產業產生重要的影響。

可持續發展與擴大規模的趨勢

網紅經濟從興起到成為新的風向其實只用了短短幾年時間，這幾年也正是新媒體君臨時代的時候，這就促成了網紅經濟與新媒體之間千絲萬縷的連繫。想要看清網紅經濟未來的商業前景，就要了解新媒體發展的前景。

新媒體發展前景

以自媒體為代表的新媒體在近兩年崛起得尤為迅速，它帶來了很多新的傳播方式，這是網路新媒體技術發展所導致的結果。從全世界範圍來看，新媒體技術在當下已經非常成熟，它包括電腦硬體技術、網路技術、行動網路介入技術……在技術

的支持下，電腦主機與行動設備（包含手機、iPad 等）同時成為新媒體傳播的中心，而網路（包含行動網路）則成為基本的載體。由此，網路新媒體傳播的硬體技術和支持條件已經成熟。

隨著技術能力的完善，上網、通訊環境也日趨成熟，在上網頻寬與行動訊號的雙重保障下，用戶對行動網路的使用開始變得普及，這為新媒體在行動網路領域的崛起提供了先決條件。網路新媒體終端設備的普及與傳播內容的日益豐富，也在培養著越來越多用戶的新媒體使用習慣。

隨著用戶人數的激增，新媒體社交平臺的交互優勢得以顯現。它更為徹底地把網路雙向傳播的特徵演繹出來，透過多對多傳播的交互方式，讓每個用戶不僅有聽與看的機會，更有說的條件，遵循了網路所有人面向所有人進行傳播的本質。有數據顯示，目前亞洲是世界上使用網路社交媒體比例最高的國家，每天都有大量網友在透過網路社交平臺獲得資訊、進行互動。由此可見，用戶已經把新媒體當成了日常生活的一部分。

隨著用戶習慣的生成，在未來，新媒體的發展速度無疑將更迅猛，其發展方向也會更加深入化與垂直化。首先，新媒體的呈現形式將更加多樣化，它們與傳統媒體、網路媒體將呈現並存態勢，最終由用戶去選擇性地使用符合自己資訊獲取習慣的媒體類別；其次，新媒體將向更加垂直的領域發展，大而全並不是新媒體發展的方向，相反在把受眾進行細分後，去迎合

某一個垂直領域的受眾是新媒體發展的方向；最後，新媒體也會以「個體」的形態被賦予更個性化的價值，這種價值表現在媒體將顛覆以往站在客觀公正立場上發聲的傳統價值觀，取而代之的是形成自我特色的價值觀，透過價值觀的輸出來向用戶輸出媒體平臺的優勢，形成媒體獨立的影響力，這也可以被看成是新媒體向「擬人化」發展的一種趨勢。

　　新媒體給用戶帶來的顛覆性衝擊在近幾年已經有清晰的顯現，一個重要方面就是在媒體接觸時間與方式上。刷 IG、看短影片等由新媒體創造的生活方式已成為用戶生活中不可或缺的一部分，特別是年輕的用戶沉溺於從網路獲取資訊和娛樂，他們的日常生活已經被數位化所包圍，手機作為 24 小時伴隨在用戶身邊的媒介載體，其超高的使用頻率就是最好的例證。

　　由於用戶行為的變化導致商業行銷的傳播模式也在發生變化，如精準廣告、電子商務、網路社群、網路影片、網路電視等模式的迅速興起，打破了以往的商業規律，為社會帶來了新的經濟亮點，網紅經濟的崛起就是其中之一。

網紅經濟的規模化

　　在網紅經濟的未來發展中，規模化是其發展的一個重要方向。它包括網紅的規模化、粉絲受眾的規模化、產業上下游商業運作的規模化以及吸引資本的規模化進駐等方面。

不同類型網紅從業人數的規模化發展將是未來網紅經濟走向規模化的一種突出表現。根據調查數據顯示,目前亞洲網紅的人數超過 100 萬,最常見的可以分為四種類型:影片直播、自媒體、新聞事件與內容創作。其中以影片直播的網紅數量最多,占比達 35.9%,自媒體網紅占比為 27.3%、新聞事件型網紅占比 18.2%、內容創作型網紅占比 11.6%。

影片直播網紅主要得益於新媒體平臺影片直播形式的風靡;FB、IG 等自媒體平臺的出現為自媒體網紅提供了直達用戶的傳播通路;新聞事件型網紅則是藉助新聞事件聚焦的特性來吸引用戶關注;內容創作型網紅則透過輸出高品質的原創內容獲得用戶青睞。

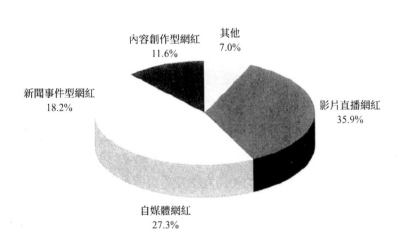

圖 9-1　網紅類型圖

資料來源:網路數據。

　　在未來，網紅發展的規模化還將加劇，由於網路高品質內容的稀缺，內容創作領域將是網紅規模化發展的重點領域。在這一領域，目前市場需求還遠遠沒有飽和，甚至可以說呈現稀缺態勢，因此能夠輸出符合粉絲需求的高品質內容的人都是具有潛在網紅基因的發展對象。

　　此外，影片直播的發展潛力同樣巨大，可以想見隨著 4G 的快速發展、5G 時代的到來，擺脫了流量限制的影片傳播將會更加迅速地崛起。這會使網紅在影片直播領域的發展潛力得到發揮。但從目前影片直播的形勢來看，網紅在短影片靠「創意」與線上直播靠「長相」的生存模式將被顛覆。網紅在短影片領域的發揮將呈現更加專業化、團隊化的趨勢，以往「家居場景＋誇張表演」的影片表現形式將進入審美疲勞期，而更具創意及專業化的影片短劇、微電影將是未來發展的一個重點方向。因此更具專業水準的影片製作人與腳本創意人的規模化將是未來在網紅影片領域呈現出的普遍現象。線上直播在未來同樣要經歷專業化的洗禮，隨著直播內容更加垂直化，網紅靠「長相」聚集粉絲進行大眾聊天的直播模式並不會長久存在，在垂直領域更加專業的直播有很大機率成為主流，這無疑會給那些具有某一領域專業知識、願意進行展示分享的人成為網紅的機會，因此線上直播在垂直領域的規模化發展同樣是值得關注的方面。

　　從粉絲受眾的角度來看，在未來網紅把粉絲按照興趣喜好

來進行劃分時將呈現更加細分的局面。例如，在喜歡音樂的粉絲裡又會以不同音樂形式來分類組合（如流行音樂與古典音樂，甚至細分到某個音樂家），從而形成更加個性化與細分化的粉絲族群，並直接導致族群的數量規模暴增，這便是粉絲受眾族群規模化的發展方向。為了迎合粉絲族群化的特質，網紅也勢必會根據族群分類進行垂直分類，網紅族群領袖的形象將更加具象化。

　　網紅經濟產業鏈上下游商業運作的規模化也是未來網紅經濟發展的趨勢之一。隨著網紅經濟涵蓋的領域越來越多，為了滿足粉絲的需要，在產業鏈上游，經紀公司規模化引入網紅人才的商業行為可以想見，網紅經紀公司的數量也將呈現規模化增長趨勢。隨著網紅規模開源後的增加，在產業鏈下游，培訓公司與電商平臺的增長規模也會同時擴大，整個產業鏈的參與個體數量將呈現明顯上升趨勢，從而帶動網紅經濟規模持續增長。

　　資本進入網紅經濟已經成為事實，隨著網紅經濟規模的持續擴大，資本進入的速度與規模也會隨之擴大。我們有理由相信網紅募資金額的商業紀錄在未來很可能會不斷被打破。更多實力資本的湧入將為網紅經濟注入更多活力，從而讓產業鏈實現更順暢的流轉，同時促使網紅經濟生態圈生生不息地繁衍下去。

網紅經濟持續發展法則

網紅經濟從起步到如今經歷的時間並不長，在如此短的時間內實現了高速發展令人嘆為觀止。然而，網路的一大特點就是高頻率的更新換代，這不僅表現在技術上，同樣也反映在模式上。新舊模式的更替往往僅需要幾年時間，因此網紅經濟作為新興的經濟模式想要實現持續性發展就必須做到以下三點。

第一，網紅經濟要從目前的個人草根經濟轉變為實施品牌化策略。網紅經濟目前過分依賴於現有粉絲的情感支持，大多數網紅都是透過這一點來獲得變現，實現生存。從長遠角度來看，粉絲喜好的轉變與審美疲勞都是阻礙網紅經濟持續發展的因素。解決這一問題的唯一方式就是打造網紅專有品牌，在商業營運層面把品牌策略放在重要的位置。所謂的品牌策略是以網紅為中心建立品牌識別系統、整合網紅的輸出內容與行為特徵，透過產品、行銷、包裝、廣告、新聞、服務等方式以網紅為輸出終端對粉絲進行品牌輸出，培養粉絲的品牌意識。同時，網紅要透過各種方式來不間斷地推進個人或企業品牌資產的增值。這不僅是網紅個體在網紅經濟裡從競爭中脫穎而出的生存之道，同時也是網紅經濟持續發展的重要依仗。

第二，網紅持續輸出高品質內容的能力是確保網紅經濟可持續發展的另一個重要因素。網紅最大的生存動力就是粉絲的支持，而網紅贏得粉絲支持的方式就是依靠互動輸出，這種輸

出包括話題、各種類型內容、行為、容貌等，因此確保持續吸引粉絲的內容輸出是網紅能夠持續「紅」下去的基礎。同時，網紅對社交帳號的營運與對粉絲黏著度的維護也同樣重要。綜觀那些超級網紅，如今都已擁有專業的營運團隊，在網紅輸出內容、引發用戶共鳴的同時，這些團隊在確保網紅與粉絲互動內容的品質以及頻率，保持粉絲黏著度上都發揮了至關重要的作用。

第三，優質產品的設計生產能力。在網紅的變現通路中，產品銷售是大多數網紅的生命線，這是由於網紅採用的是意見領袖買手制的導購模式。網紅的這一特徵需要源源不斷的優秀產品為其提供支持，因此，網紅必須建立強大的設計生產體系來滿足這一需要。未來，網紅透過引導來實現產品變現將是常態，因此，我們把它當作網紅經濟持續性發展的一大條件。

上述三點是網紅乃至網紅經濟想要實現持續性發展需要遵守的法則。如果深入分析那些超級網紅，我們能夠發現，他們其實已經在透過上述的方式進行運作，而對於大多數網紅而言，對此並沒有清晰的認知。在競爭日趨激烈的網紅經濟裡，每個網紅都將面臨這種抉擇，只不過時間上有早有晚而已，當網紅集體開始遵循這些法則時，網紅經濟的發展持續性就會得到很好的延伸。

產業面臨的全新機遇

網紅經濟並不是單一的經濟形式，而是融合了多產業、多種類的經濟共存體，因此隨著網紅經濟的發展壯大，為很多不同產業的企業帶來了嶄新的機遇。下面我們就以幾個熱門產業為例，來看看網紅經濟為它們帶來了什麼。

化妝品產業

有人把網紅經濟稱為「長相經濟」，雖然並不完全，但也反映出網紅經濟發跡的特徵。「愛美之心人皆有之」，隨著網紅經濟的興起，依靠「長相」出彩的網紅占據了半壁江山，粉絲年齡的年輕化與其中男性化族群的喜好也促進了「長相」網紅的快速發展。

化妝品產業本就擁有龐大的產業規模，隨著網紅經濟的出現，化妝品產業更是迎來了新的發展機遇。化妝是最常用的變美方式，透過網紅的示範效應，以年輕人為主體的粉絲對美的追求自然也被帶動興起。

網紅經濟對化妝品產業的影響表現在化妝美容產品的線上銷售層面。以化妝展示、分享為內容主體的網紅對粉絲的影響已經深入至產品層面，依託「網紅＋電商」的變現模式，她們的出現為化妝品產業線上銷售打開了一扇大門。

　　從前，由於化妝品的特殊產品屬性，對化妝品的選擇與使用具有很強的專業性，比如同一張臉不同人化妝出來的效果完全不同，相同的化妝品採用不同的化妝方式其效果也不同，這就導致消費大眾更傾向於採用實體面對面的方式來選購化妝品，並且化妝品應用不當所可能引發的健康風險也是困擾化妝品產業線上變現的難題。

　　但隨著美妝網紅、化妝達人的出現，固有的產品展示模式被顛覆。網紅的介入在產品口碑方面帶給了化妝品產業一個示範展示窗口，這些網紅們透過影片的方式展示自己的化妝技巧與美妝心得，這種展示方式讓消費受眾對使用化妝品後產生的效果有了直觀的感受。隨之而來的是粉絲們透過網紅通路向「專業」的網紅尋求化妝建議、產品推薦，而網紅們也願意透過引流來實現粉絲在電商平臺的變現。化妝產品與網紅透過這種方式結合。

　　除了一般的引流變現外，化妝品產業企業與網紅合作推出新的產品品牌的方式也已經被一些知名企業運用。例如，歐萊雅公司就和 YouTube 網紅 Michelle Phan 達成合作，推出了彩妝品牌「EM」；韓國品牌 MEMEBOX 也與韓國「美妝小天后」PONY（朴惠敏）合作開發了一系列的彩妝單品和系列妝容造型。

　　化妝品產業企業與網紅攜手的潛力正在被很多業內人士看

好。在未來，網紅藉助自身專業優勢，透過影片直播及行動美妝 APP 等平臺將吸引更多用戶，幫助用戶解決購買決策的疑難問題，最後引導粉絲進入電商平臺實現變現將成為一種固定的商業模式。這種商業模式對於化妝品產業的企業來說，無疑是一個新的銷售通路與產品展示通路。

服裝產業

服裝產業是網紅經濟下直接受益的產業之一。根據服裝產業消費數據顯示，服裝產業作為線上起步最早、規模最大、發展最為成熟的產業在 2015 年保持了較快增長，成交人數同比增長超過 30%。女裝在服裝產業占比最高，當之無愧成為電商平臺的第一大類目。同時該數據還顯示，服裝產業行動端銷售額迅猛增長，進入 2015 年後，服裝產業行動端成交量已占到整體產業銷售額一半以上。從行動端消費客群來看，女性、年輕人、深度用戶和基礎消費者對行動購物的接受程度更高，在 22 歲以下的年輕客群裡，行動電商的滲透率最高。

從上面的數據可以看出，服裝產業的快速發展與網紅經濟的貢獻密不可分。根據相關數據統計，在網紅經濟中服裝產業的規模超過 1,000 億，尤其是女裝品類，常年占據銷售前列的女裝店鋪中，網紅店鋪占據半壁江山。同時，從消費客群特徵來看，完全符合網紅粉絲特徵；從購買方式來看，電商與行動電

商的銷售通路也是網紅慣常使用的引流通路。

　　由此可見，網紅經濟對服裝產業的促進作用非常顯著，其中不僅包含服裝生產加工企業、服裝設計企業，就連服飾類電商代營運服務企業也從中獲益匪淺。以服裝生產加工企業為例，隨著網紅服裝店鋪的增多，越來越多的網紅直接與代工企業合作，為代工企業帶來了更多的訂單。「時尚達人、服飾女王、穿衣潮人……」，服飾品類裡各種類型的網紅在傳授獨家祕籍的同時，也活絡了服裝設計市場，隨著越來越多的網紅品牌服飾在市場中銷售得風生水起，對服飾設計產業也提出了更高的要求，同時也帶來了更多的生意。服飾類電商代營運模式在網紅經濟中意外興起，這要歸功於網紅強大的引流能力。網紅在專業銷售服務領域並不擅長，但憑藉強大的影響力可以很好地完成把流量引入店鋪的職責，於是電商代營運模式應運而生。這一模式在前面的章節裡我們也曾進行過分析，它是網紅與服裝店鋪合作經營的一種模式，隨著網紅引流的成功，電商代營運企業的效益也就凸顯了出來。

　　相對於其他產業，服裝產業在網紅經濟中透過電商通路實現變現更具優勢，網紅可以透過匹配粉絲需求而輕鬆實現銷售。網紅在其中扮演了意見領袖、銷售人員、代言等多重角色，而在此之前，服裝產業的電商運作是依靠代言、廣告等傳統方式。隨著網紅經濟的發展，網紅的電商變現也正在從單一

的網路店發展到 Line 購物、電商 APP、跨境電商等多通路並行，從另一個側面也推動了服裝產業企業電商的發展，帶給服裝產業更多新的網路銷售通路。服裝產業企業只需要藉助網紅的力量與消費者形成良性互動，加強消費者的心理依賴度，就能透過這些通路獲得理想的銷售業績，這無疑是網紅經濟帶來的新商業模式。

網紅經濟帶給服裝產業企業機遇，想要把握住這一機遇，就需要企業改變自身固有的觀念，大膽觸網，透過改變傳播、銷售方式迎合粉絲需求。服裝產業企業要更加注重消費者的體驗，不斷去提升消費者對產品的黏著度，讓消費者成為品牌產品的粉絲，只有這樣才能更好地藉助網紅經濟東風，在未來的市場裡獲得更多的利益。

影片直播產業

在受到網紅經濟影響的產業裡，影片直播產業是近兩年來被影響最大的產業。由於「即時」與「互動」的屬性，在影片直播平臺上的活躍用戶正在不斷發展壯大中。

網紅經濟催生了直播產業的快速爆發，截至 2015 年直播產業的市場規模超過 115 億，用戶數已經超過 4 億。以直播平臺為例，大型直播平臺每日高峰時間有數千直播間同時在線，用戶數達數百萬人次，某直播平臺每天訪問量高達 1,500 萬次，晚

上尖峰時段常有 5,000 位主播同時在線開播。在數以萬計的直播網紅背後,直播平臺顯然已經成為網紅的主戰場。難怪短短的兩年多時間擁有直播平樓的科技公司已經估值 25 億美元,其中直播 APP 下載次數已突破 5,000 萬次。

有數據顯示,目前已有數百個直播平臺完成或即將獲得融資。從這一數據我們可以看到,影片直播產業在網紅經濟帶動下獲得的巨大發展潛力。

在開放的直播互動平臺裡,網紅作為主播已經成為直播平臺最受關注的資源,其背後的粉絲所帶來的巨大傳播效應和經濟效益讓影片直播產業的發展規模迅速增大。以遊戲《英雄聯盟》超越大使周杰倫進行的遊戲直播為例,在直播當天,參與直播的周杰倫和直播平臺以及遊戲本身,都成了網路與娛樂兩界的熱門話題,據資料統計,當日直播結束後觀看的人數超過了1,600 萬人次。

影片直播產業在網紅經濟推動下發展出了新的商業模式。目前影片直播的生態圈中主要組成部分是直播平臺與網紅,在他們背後分別對應著直播平臺公司與網紅服務公司。直播平臺公司近兩年的發展態勢處於明顯上升階段,而網紅則形成了依附於直播平臺獲得自身收益的盈利模式。

除了個人電腦端之外,直播平臺正在將直播擴展到行動裝置端,影片內容涵蓋賽事、演唱、化妝、釣魚、做飯等生活的

各個細節，實現了觀眾和網紅主播之間、觀眾之間的互動，以此來最大限度地利用網紅的影響力促進平臺的發展。

除了上述的幾個產業外，網紅經濟圈輻射的產業還有很多，在此就不一一羅列了。隨著網紅經濟規模的擴大，產業鏈各個環節日趨成型，很多企業都在其中找到了嵌入自身價值的方式，它也為更多還站在網紅經濟大門口的產業企業提供了千載難逢的機遇。作為新興的經濟模式，想要長久發展、永保活力，同樣也需要依靠產業鏈上各行各業的企業共同努力，實現雙贏。

從 1.0 到 4.0，網紅經濟的發展走向

在經歷了以「痞子蔡」為代表的 1.0 時代和之後的 2.0 時代，網紅正處在 3.0 時代，這一時代的特徵是個性化內容與多媒體傳播方式。處於這一時代的網紅不僅具有個性化內容創作的顯著特點，而且熟知如何在各大社交平臺透過不同創作形式找到與粉絲的契合點。

在網紅經濟中，從網紅到品牌到粉絲已經形成了一個持續發展的經濟循環體。想要讓這個經濟循環體生生不息地循環下去，就需要網紅能夠持續提供符合品牌與粉絲需求的商業價值。例如，一個在旅遊方面很有造詣的「網紅」能夠分享自助旅

遊的很多經驗，那麼當他／她身邊聚集起一定基數的「粉絲」後，這些粉絲就可以成為他／她推廣旅遊產品的目標客群，從這一點來看，這個網紅所生產的內容自然也就具有極大的商業價值。

但在目前，我們可以看到這樣的現象：雖然資本方近幾年開始關注網紅，但由於大部分網紅的粉絲熱情持續時間短、無法持續輸出具備商業價值的內容，因此發展面臨不確定性等各種因素，資本對其大規模投資也一直存有顧慮。網紅經濟需要資本的助力，而網紅的商業價值正是資本追逐的對象。因此，在未來，網紅經濟的發展勢必會更加依賴於網紅持續商業價值的輸出。從前的網紅可能依靠長相、事件等方式來博得關注成為網紅，但如果他／她不能在網紅經濟中提供商業價值，那麼也必將面臨被淘汰的命運。這是由市場規律決定的，同時也是由網紅經濟的發展需求決定的。

網紅4.0

網紅經歷了前三個階段的發展，形成了完整的產業鏈，隨著市場需求的變化、粉絲社交習慣的演進，網紅也在順應發展邁向一個新的階段 —— 網紅4.0階段。網紅4.0的最大特徵就是從網紅個人化運作轉向團隊化運作，它是網紅專業化的象徵，同時也是網紅徹底商業化運作的起點。這一階段對網紅的

要求更全面，不僅需要網紅具備更高的長相內涵，同時在電商化、內容化、垂直細分化等各個層面，網紅都必須具備更專業的素養，相輔相成地，網紅的價值轉化方式也將更多、更快捷。

網紅 4.0 階段對網紅的要求首先是具備更高的專業技能，網紅必須是某個細分產業領域的專家。如果是美妝網紅，那麼他／她必須對整個美妝產業及產品有深入了解。

從前某個美妝部落客，擁有基數龐大的粉絲群，她也介紹了很多產品給粉絲，粉絲非常信任她，但是後來「掉粉」現象特別嚴重，這是為什麼？原來這位網紅介紹的產品品質參差不齊，有很多她推薦的產品被粉絲使用後效果很不好，粉絲大呼上當。這就是她「掉粉」的原因。

由此可見在未來，網紅的專業水準將是考驗網紅的首要條件，4.0 時代的網紅必須是某個專業領域的意見領袖。

在網紅 4.0 階段，行動裝置終端作為媒介將體現出更加多樣化的趨勢，手機、平板電腦、PC、各種智慧型終端設備都將成為網紅傳播影響力的媒介，網紅也不會再拘泥於網路社交平臺，而是可能擁有自己的專屬網站、平臺等，並把粉絲培養成為自己平臺的專屬用戶。

正因如此，在網紅 4.0 中，網紅依靠單打獨鬥已經不能滿足價值體現的需求，團隊化運作將成為網紅未來的發展方向。網紅將根據自身特點透過團隊的方式發掘商業價值，團隊運作包

含包裝、內容、商業合作、技術支持等各個方面。此舉無疑會將網紅的商業價值放大。

網紅經濟發展走勢

　　隨著網紅時代進入 4.0 階段，網紅經濟也將進入新的發展階段。在預測網紅經濟發展走勢的時候，我們把其總結為以下四點。

　　第一，短影片將迎來爆發。從 2015 年開始，短影片在網紅傳播中就開始發揮重要作用。依靠短影片走紅的網紅數量大幅增長。就連在國際上享有盛名的 Facebook 也在接連收購了幾家短影片公司，如今短影片廣告已占到 Facebook 廣告的一半。

　　短影片的興起是因為從內容展現形式上更貼近用戶喜好。首先，從認知方式的難易程度上來看，影片是比圖片、聲音、文字都更容易被認知的形式；其次，隨著網路的發展，影片觀看的門檻已經不復存在；最後，從用戶的喜好上看，如今的用戶更喜歡看到真實場景的傳播內容。根據市調公司統計，在亞洲使用最長的 20 個 APP 中，影片類占了 7 個；使用時長排在前 10 位的 APP 中，影片類占 5 個。從這一數據我們就能看出短影片的發展潛力。

　　第二，高品質內容將成為網紅經濟的價值命脈。網紅經濟是依靠內容來延續的經濟產業，這是因為吸引粉絲最終是要依靠內

容。隨著粉絲市場的成熟，僅憑「長相」與「賣萌」的網紅模式將遭遇前所未有的挑戰。在前文我們已經談到，未來網紅將以更加專業化的形態出現，因此原創性、差異化將成為網紅生產內容的標準，高品質原創內容將越來越多地出現在網紅傳播裡。

第三，網紅將以團隊形態進行專業化營運。這一點在前文已經提及，在未來網紅經濟中，網紅為了提升傳播品質、擴大傳播影響、增加變現方式，所要做的工作並不僅限於與粉絲互動這麼簡單，網紅要呈現專業化營運形態。因此網紅將經歷從個體營運向團隊營運的方向發展。

第四，網紅變現的方式更加多樣化。由於網紅本身具有豐富的社交資產，具有商業變現價值，因此網紅的價值能夠體現在網紅經濟的各個方面，這也就是網紅獲得資本青睞的根本原因。

在未來，網紅依靠價值變現的模式也呈現多樣化趨勢。作為某個產業領域的意見領袖，網紅的價值變現不再侷限於收取廣告費和電商平臺分成的方式。閱讀網紅的文章將會收費，觀看網紅的影片也將會收費，甚至在商業合作中按比例分成的模式也會出現。隨著在這一階段網紅專業能力的增強，自主創業也將成為網紅價值變現的通路，網紅可以透過創造新品牌與產品來凸顯自身價值，「網紅手機」、「網紅軟體」、「網紅服裝」……將紛紛出現在粉絲的面前。藉助自身專業能力，網紅還可能會

成為像服裝設計師、時尚搭配師、頻道主持人一樣的產業專家，透過在專業領域的授課、分享來獲得價值的體現。

綜上所述，「網紅」作為網紅經濟的中心在未來將打破人們固有的看待眼光，以嶄新的專業形象出現在粉絲面前。網紅經濟也因此走向下一個發展階段，即規模化發展階段，在這一階段裡，參與其中的個體與團隊將以更為專業的運作方式推動網紅經濟繼續向前。

產業的未來該何去何從

儘管網紅經濟處於高速發展態勢，規模擴張迅猛，但其持續能力與發展潛力一直被很多人懷疑。這是由於，網紅經濟從出現到產業鏈成型僅僅用了 10 多年時間，並沒有經受時間的洗禮，過於快速的發展也使網紅經濟的基礎並不牢固。網紅經濟從起步開始就被冠以「美麗經濟」、「眼球經濟」、「長相經濟」等頭銜，說明其賴以存在的條件相對薄弱，整個經濟產業如果建立在此之上，那麼其持續能力與發展潛力確實令人擔憂。

網紅產業面臨的挑戰

在業界，關於「網紅經濟到底能『紅』多久」的討論之聲一直存在。隨著網路社交的發展，粉絲社交方式與喜好口味的轉

變都會對網紅產業造成影響，使整個產業面臨嚴峻挑戰。

網紅作為「快產品文化符號」，其生命週期到底有多長是人們普遍關注的問題。根據當下網路新舊更迭的頻率，一般情況下每三五年就是一個網路用戶的更新期，用戶的喜好、口味都會發生巨大改變。因此，網紅的影響力能否持續作用，其商業價值的延續性能否確保都有待觀察。

回顧網紅這些年的發展歷程，我們也能夠看到，網紅們也在經歷著更新換代。一成不變的輸出方式能夠讓粉絲的關注度持續多久確實要打個問號。其實這還不是最重要的問題，畢竟一個網紅過氣就會有另一個網紅站出來「接班」，這種主角的更迭也是網紅經濟得以延續的動力。

然而，在粉絲黏著度方面，從目前的情況來看，更加令人擔心。持續的曝光是大多網紅聚合粉絲的唯一方式，很多網紅都面臨這樣的尷尬：如果三天不出現在粉絲面前，那麼「掉粉」數量就會相當高。難怪從大學就開始做網路主播、如今也是「網紅」的小熊就表示，如今「網紅能有幾個月的火紅期就已經很了不起了」。甚至有業內人士就表示，「網紅經濟」其實沒有粉絲，有的只是圍觀的觀眾，這也就印證了「演員不出場，觀眾當然就會離開」的道理。因此如何形成高效的粉絲黏著度是網紅乃至網紅產業面臨的挑戰之一。

網紅產業面臨的另一個挑戰是變現。雖然那些超級網紅在

商業化道路上有所建樹，但對整個網紅族群來說，超級網紅的數量太少，占整個市場的規模也太小。除了網紅排行榜上位居前列的網紅外，大多數網紅的傳播並沒有達到大眾層面，因此其知名度與商業化程度也並不高，即使是網紅排行榜裡的知名網紅也遠遠沒有達到「人盡皆知」的程度。知名度的侷限導致了整個網紅族群在商業化進程中舉步維艱，其變現大多只能依靠電商平臺與贊助而來。

此外，當前流行的社交平臺自身並不具備變現能力，僅僅實現的是影片集成平臺的功能，平臺本身並沒有盈利，因此也同樣不能直接對網紅提供變現功能。這些問題就導致網紅的變現不僅通路狹窄，而且需要引流，因此格外受到粉絲黏著度的影響。

能夠創造持續的商業價值也是網紅產業將面臨的挑戰之一。眾所周知，網紅產業的發展依靠的是網紅所體現出的商業價值，而商業價值的來源是網紅的社交資產即粉絲。想要維持這種社交資產，網紅就必須持續提供符合粉絲需求的內容，對於網紅來說，這顯然是一項長期挑戰。

網紅產業未來

儘管面臨很多挑戰，網紅產業的未來仍然值得期待。有業內人士表示未來 5 到 10 年，網紅產業將進入一個新的時代。

隨著業態的完善，網紅經濟會向垂直化、社交化的層面繼續發展，未來在很多垂直領域將逐漸出現產業網紅的身影。

國外垂直領域裡有一個網紅代表是產品設計師小剛，他依靠在網路上發起的一款黃酒的募資，一躍成為酒水產業的網紅。小剛憑藉他對產品品質的嚴苛要求、專業的產品設計能力以及他對酒水的多年耕耘和專業認知，成為「酒業募資第一人」，並建立了一個喜歡品黃酒、內心認可傳統美學、喜歡雅緻生活的專業社群。小剛把酒的價值主張以及生活方式在社群中分享，引導有品位的生活，使得黃酒這樣一款消費者一般僅肯為其花費最多 500 元的小品類產品，做到了千元以上，重新定義了高級黃酒的市場概念。僅在線上，小剛一年的銷售量就達 10 餘萬瓶，成為當下酒水產業熱議的話題，吸引了眾多資本方的關注。

很顯然，未來垂直領域將是網紅產業發展的重點，這也是未來網路新興模式的發展方向。對垂直產業的探索有助於擴展網紅產業的外延，吸納更多垂直產業企業資本，對擴大網紅經濟產業規模有積極的推動作用。

全方位覆蓋網友將是網紅產業在未來要實現的另一個目標。隨著網路社交形式的多樣化，網友將呈現分散趨勢，以影片直播為例，在僅僅 1 年時間裡就呈現出爆發性增長的趨勢，很多網友進入直播平臺，在直播間觀看直播成為新的社交娛樂

方式。相信在未來，會有更多樣化的社交平臺出現，這些平臺與用戶將成為網紅影響力覆蓋的目標。為了實現這一目標，網紅就要透過多通路的展現形式實施傳播，這就對網紅的內容呈現形式、傳播方式、互動方式提出了更高的要求。

由於網紅產業的「內容」屬性，內容是整個產業的核心競爭力，也是未來產業向前推進的核心動力。由於網紅數量日趨龐大，網紅內容生產的水準參差不齊，在競爭日趨激烈的市場中，內容同質化現象也較為嚴重，容易產生審美疲勞。因此在未來，具有個性化、獨立性的內容將是網紅追求的方向，無論從內容形式還是傳播方式上，增加內容的不可複製性與原創性都將成為網紅產業發展的方向之一。

最後，在網路監管的協助下，網紅產業還需要更徹底地淨化自身，杜絕那些違反社會道德、大眾評判標準、大眾審美的傳播內容，比如以網路直播為主的打擦邊球的做法等。這是因為網紅經濟的發展除了取決於內在的發展邏輯外，其在整個社會精神文化領域的角色定位同樣重要。從這個角度來說，網紅產業在未來增強自身監管，建立相應的監管機制，成立產業聯盟就顯得尤為重要了。

對於網紅經濟而言，持續的高速增長掩蓋了很多發展問題，網紅們過於急功近利的成長也留下了很多成長中的疑難問題，就像有業內人士說的那樣：「網紅經濟紅起來不難，難的是

一直紅著，並且能把這種熱度轉化為商業利益。」因此，對於網紅產業的未來可以預見的是，百花齊放、無限制成長的盛世已經成為過去，產業必將進入一個循序漸進、以商業價值論成敗的慢速增長階段。在這一階段伴隨著高淘汰率的出現，網紅乃至產業鏈上下游的企業都將面臨優勝劣汰，不同通路的傳播掌控能力與多種變現方式的集成能力將對網紅形成考驗。在這一過程中網紅品牌將伴隨出現，最終能夠緊跟產業成長的將是具有持久生命力的網紅菁英，這些菁英在未來就是粉絲心目中的「超級網紅」。

電子書購買

爽讀 APP

國家圖書館出版品預行編目資料

網紅經濟學，利用網路社交平臺的無限潛力改寫商業規則：解析新媒體時代下網紅經濟的影響力，從互動到變現，掌握粉絲的心 / 沈宇庭著 . -- 第一版 . -- 臺北市：財經錢線文化事業有限公司 , 2024.05
面；　公分
POD 版
ISBN 978-957-680-890-6(平裝)
1.CST: 網路經濟學 2.CST: 網路社群 3.CST: 網路行銷 4.CST: 產業發展
550.16　　113006599

網紅經濟學，利用網路社交平臺的無限潛力改寫商業規則：解析新媒體時代下網紅經濟的影響力，從互動到變現，掌握粉絲的心

臉書

作　　者：沈宇庭
發 行 人：黃振庭
出 版 者：財經錢線文化事業有限公司
發 行 者：財經錢線文化事業有限公司
E - m a i l：sonbookservice@gmail.com
粉 絲 頁：https://www.facebook.com/sonbookss/
網　　址：https://sonbook.net/
地　　址：台北市中正區重慶南路一段 61 號 8 樓
8F., No.61, Sec. 1, Chongqing S. Rd., Zhongzheng Dist., Taipei City 100, Taiwan
電　　話：(02) 2370-3310　　傳　　真：(02) 2388-1990
印　　刷：京峯數位服務有限公司
律師顧問：廣華律師事務所 張珮琦律師

-版權聲明

定　　價：299 元
發行日期：2024 年 05 月第一版
◎本書以 POD 印製
Design Assets from Freepik.com